小林敬幸

ふしぎな総合商社

講談社＋α《プラスアルファ》新書

はじめに

日本の総合商社（以下、本書では基本的には商社）は、誰もがその名前と存在を知っているのに、実際に何をしているのかほとんど誰も知らない。知っていると思っている人の認識も、たいていは実態と異なっていて間違っている。

もともと、取り扱う商品・サービスが多岐にわたり、しかも本社が消費者と直接接することがほとんどないので、一般の消費者には、わかりにくかった。

それに加え、２００１年以降、商社は、そのビジネスの形態を大きく変えてしまった。だから、知っていると思っている人の認識も、いまの実態とはかけ離れていることが多い。

商社は、バブル以後の急成長業界であり、知られざる「ポストバブルの勝ち組」である。バブル崩壊で衰退した業界・会社はあまたあるけれど、三菱商事、三井物産、伊藤忠商事、住友商事、丸紅の商社のトップ5社は、吸収合併もされず、会社名も変わらず、利益もバブル発生前の数百億円から数千億円へとざっと10倍くらい飛躍的に拡大した。

５商社平均の連結純利益（連結税後利益：税引後の最終利益）の、１９８６～２０１７年の30年間の推移を見てみよう（図０－１）。商社は、バブル発生まで、１社の年間純利益は、数百

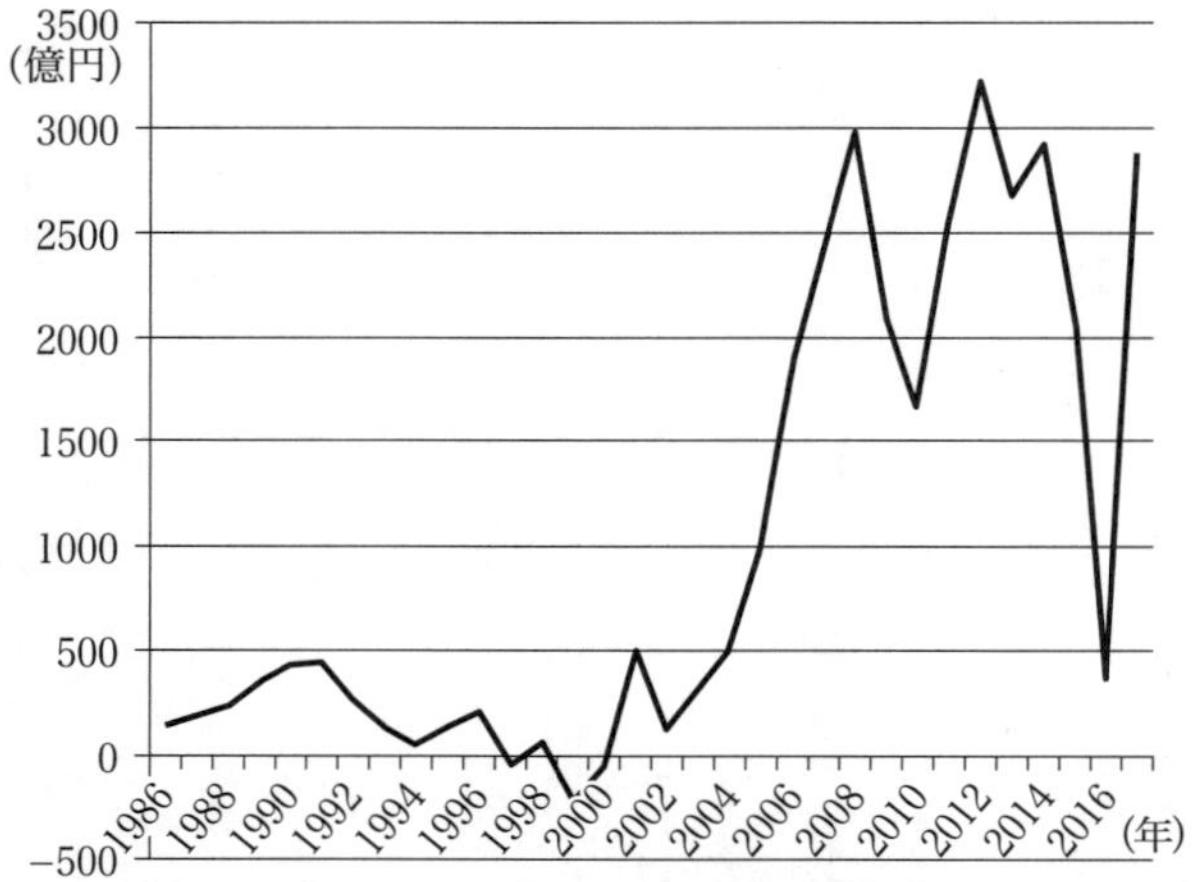

図0-1　総合商社（5社平均）連結決算純利益の推移

億円のレベルだった。その後バブル崩壊のダメージを手ひどく受け、１９９６〜２０００年では、５社５年の純利益平均がほぼゼロに近い赤字にあえぐ。ところが、２００１年以降、収益が急成長し始め、05年から１社当たり純利益１０００億円、07年からは２０００億円を超え始める。

２００１年からの７年の短期間で純利益が赤字から２０００億円台に到達するというのは、グローバルで見ても一企業で見ても珍しい急成長ぶりである。しかも、同業界のトップ５社でそれができている。２００７年には業界５位の丸紅も、純利益が１０００億円を超えている。シリコンバレーでも、一つの業種・分野でこんなに急成長して大きな利益を出している企業群はないだろう。

これほどの高収益、高成長業界であるにもかかわらず、一般の人だけではなく、ベテランのビジネスパーソン、ビジネス系記者、経済・経営の学者でも、商社がどういうビジネスの仕方をしているのかよくわかっていない。

例えば、商社は財閥などの企業グループを遺産的基盤（レガシー）にして昔から持つ権益を維持して生き延びたと、したり顔で説明する人がいるが、これは全くあたらない。むしろ、利益を生まなくなった古い企業グループの枠を冷酷に断ち切って、別のパートナーと組んで新しい収益源を得ることによって成長につなげている。

資源バブルだったからという説明も、安易にすぎる。三菱商事、三井物産こそ資源への依存度が高いが、他の商社は、それほど資源への依存度は高くないのに、数千億円という利益水準をたたき出している。

本書で詳しく説明するように２０００年頃を境に商社は、ビジネスの手法もビジネスの規模も社員の働き方も大きく変えてしまった。そのため、前世紀の頃に商社と付き合いがあった人ほど現在の商社を誤解していることも多い。就職活動をしている息子・娘から、ビジネスマンの父親が商社のことを尋ねられても、いまの商社のことを正確に答えられない。

この15年、商社の高い成長性と収益力ほどには、その株価が上がらなかったところを見ると、株式のアナリストでさえも、結果的に、商社のことを完全に理解して商社の成長性を読み切れなかったと言えるかもしれない。成長戦略が見えない成熟企業で、何年かに一度大きな減損が出る会社として扱われ、冒頭で述べた「ポストバブルの勝ち組」というような評価は、なかなか株式市場では得られなかったように思う。

それも批判できない。私も含め商社で働いている「中の人」でさえ、2000年代の商社の高成長期には、自社の決算数字を見るたびにあまりに大きな利益が出ているのに驚いていたくらいだから。

私は、1986年に新卒で三井物産に入社し、30年間勤めて2016年に円満に退職した。冒頭のグラフは、ちょうどその期間をカバーしており、それぞれの年の利益水準での会社の雰囲気が思い出される。

入社してしばらくは、昔ながらの商社の貿易・売買・口銭ビジネスを担当したが、その後、商社の変化に合わせ、新しい形のビジネスを立ち上げてきた。

「お台場の大観覧車」、ライフネット生命保険の立ち上げ、リクルート社との資本業務提携、米国人材派遣会社の買収、超小型人工衛星のベンチャーへの投資などの仕事を担当した。最初は、先輩から「これが商社の仕事か」と驚きあきれられ、叱られ、やがてサポートされて——たいていは、この順で受容された——、一つ一つ実現することができた。

それは、従来の商社が関係していなかった世間一般のビジネスと、商社のビジネスの違いを知り、その違いを商社の言葉によって社内で説明する作業でもあった。

そういう現場で経験した商社の変化と現在の商社の真実の姿を、本書では説明したい。

従って本書は、特定の商社に関する告発本でもないし、ある商社の経営戦略を誉めそやすものでもない。私が体験した具体的なエピソードも随所に織り交ぜているが、他商社の知人もうなずく、どの商社でも当てはまる「商社あるある話」ばかりだ。

商社は、バブル崩壊後各社とも巨額損失を何度も出し、四苦八苦して自らを変えて新しい儲け方を身につけ、「ポストバブルの勝ち組」として成長してきた。その変化は、社員の立場からどういう風に受け止められたかも含めて書いてみたい。

異なる業界、業種の会社が、商社が実行したことをそのまま行っても、すぐには成長に結びつかないかもしれない。しかし、商社の経験に触発されて、読者において、日本の経済や企業の活性化に新しいアイデアを浮かべていただければありがたい。

また、勤め先として必ずしも商社を勧めてもいないし、特定の商社を勧めたりもしていない。だからこそ、商社志望でない就活生にも参考にしていただければと思う。商社の新入社員に、入社前後で認識が変わったことなどを聞いたうえで、就職活動をする学生に参考になるように書いてみた。

結局のところ、商社の仕事にこだわらず、ビジネスというのは、じつに多様かつ自由で、変化が激しく、なかなか成功せず、だからこそ面白いというのが、伝わることを願っている。

２０１７年８月　スウェーデンのマルメにて

小林敬幸

目次

第2章　サラリーマンとしての商社マン

第3章　課題先進企業としての総合商社

第5章　仕事としての総合商社

第6章　商人としての総合商社

第1章　「ヘンな会社」としての総合商社

売上ゼロでも優良「営業部」

総合商社は、ヘンな会社だ。存在は知られているけれど、ホントの仕事の内容を知っている人は少ない。

商社は、新聞にも毎日のように記事が載っているし、テレビドラマ、映画、小説などに出てくることもある。就職人気企業ランキングでも、毎年上位に顔を出す。それぞれの人が、商社についてなんとなくのイメージを持っている。

しかし、そういう一般の人が、現在の商社の日常の仕事を知れば、その外から持つイメージとのギャップに驚いてしまう。

ビジネスパーソンですらそうだ。日本のビジネスパーソンで、商社の存在を知らない人はいない。しかし、ミドル・シニアの手練れのビジネスパーソンほど、商社マンにとって日常のことを話すだけでびっくりする。経済誌の記者でも商社の実際をよくわかっていない。

現在の商社の仕事についてこちらの話した内容が、聞き手には突拍子すぎて、鳩が豆鉄砲を食ったようになり、一瞬「日本語の意味がわからない」という顔をされることがある。

そんな代表的な話から、始めてみたい。

まず、現在の商社では、売上ゼロの「営業部」がたくさんある。

商社の組織の大部分が「営業部」であり、社員数的にもその多くが営業部所属なのに、部の売上高がほぼゼロのところが多数ある。売上がゼロなのだから、営業損益はもちろん大赤字だ。それでも別に営業部長が叱責される訳でもなく、ときにはボーナスが良かったりする。これは、いまの世の中のほとんどの民間企業の「営業部」の人――いつも売上高の目標達成に追われている人――からは、信じられない世界だろう。

後にも述べるように、私が新入社員の頃は、商社も売上高競争真っ盛りで、そんな売上高がゼロの営業部は、1年でおとりつぶし、解体の憂き目にあっていた。かつての商社マンですら想像もできなかった世界が、いま、現実にすべての商社で存在している。

種明かしをすると、現在、商社の業績評価の基準は、本社単体の売上高ではなくて、連結決算の当期純利益（税後利益）になっている。つまり、営業部ごとに計算している連結当期純利益さえいい数字が出ていれば、売上高がゼロでもいい点数がついてボーナスをたくさんもらえる。

業績評価の基準が、単体売上高から連結当期純利益に変わったのは、商社が利益を得る方法（業態）を変えたからだ。この30年ほどでモノを売って儲ける売買仲介型から事業投資型に劇的にビジネスモデルを変えてきた。モノを買ったり売ったりすることよりも、新しい事業を立ち上げたり、出資した事業会社の収益の持ち分を利益とすることのほうが大きくなってきた。

経験豊富なビジネスパーソンは、事業型のビジネスをするようになって売上高を追い求めなくなったと聞くと、こう推測するかもしれない。子会社からの配当収益と、あとは、昔買った株を売却したときの株式売却益で利益を出しているのかと。

この推測は、半分正解である。本社の単体決算において、売上以外で利益を出すとすれば、配当収入と株式売却益くらいしかない。これは、事業型収益の大きな部分である。

正解の残りの半分は、連結決算上の利益にある。

連結決算になると、関係会社の利益を、出資比率分だけ親会社の利益に取り込む。出資比率40％の子会社が、１００の税後利益を出したなら、親会社の連結決算上、１００×40％の40の税後利益分を計上する。連結売上高は1円も計上しない。

つまり、たとえ配当を1円もしなくても、その子会社の株を1株も売却しなくても、つまりキャッシュが1円も本社に入ってこなくても、40の利益を計上できる。もちろん、反対にその子会社が１００の赤字を出したなら40の赤字が本社の連結決算に計上されてしまう。

このように連結決算上は、投資先の関係会社が決算上出した税後利益（当期純利益）を、その持ち分（出資比率分）だけ、親会社の利益として認識する。

ちなみにこれは、日本の商社だけの特殊な方法ではなく、世界中の連結決算で行われている至極まっとうな方法だ。20世紀後半から、多国籍企業が、グローバルかつ多くの異なる分野で大きな収益や損失をあげ始めると、グローバルな株式市場での評価において、ますます連結当期純利益（税後利益）は重視されてきた。

1980年代から現在にかけて、商社は、自らのビジネスモデルの変化に合わせ、業績指標を単体決算の売上高から、連結決算の税後利益に業績指標を移していった。

社内における営業部の業績評価でも、会社全体の決算説明と同様、連結税後利益重視になった。売上高を全く見なくなった。

商社の場合、この売上高を全く見ずに連結税後利益だけを見る基準を、個々の営業部にまで当てはめているのがユニークなところだ。こうして、営業部の業績評価は、従来の売上による営業利益に、投資先の株式売却益、連結取り込み益などを加えた連結税後利益が、業績評価の指標となった。

すると商社は、売上ゼロなのに、ボーナスが出る営業部が多数存在するヘンな会社になる。

世界的にも稀な業界全体の業態変革

売買仲介型から事業投資型への収益方法の転換は、1社だけではなかった。商社みんなが、同じ方向に変わったのだ。そして、ラーメンからミサイルまでと言われた多岐にわたる商品分野のほとんどすべてに、その転換が進められている。こんな例は、世界のビジネスの中でも珍しい。私が、商社を「ヘンな会社」と呼ぶゆえんである。

ビジネスの世界では、優良企業が、大きな環境変化によって主軸の収益事業が成り立たなくなったとき、劇的に事業内容を変更して生き残ることが稀にある。

成功例として、富士フイルムがよくあげられる。デジタルカメラが普及して、主な収益源の銀塩フィルム製造事業が成り立たなくなったとき、高機能素材、医薬品、化粧品などに事業内容を劇的に変えて成功した。同じ環境変化に対応できなかったコダックとの対比もあり、富士フイルムの経営の素晴らしさを称賛しつつ、経営学のケースとしてよく取り上げられる。

商社の例は、富士フイルムのように一社だけが上手くいったのではなく、業界全体が、同時期に同じ方向に収益の方法を変えて収益力を成長させていった。また、その業態変革を、社員を入れ替えずに成し遂げたのも驚きだ。貿易をやっていた同じ従業員が投資の勉強をして、試行錯誤しながら新しい収益法をものにしていった。それだけになおさら、世界的に見ても、とても珍しい例だ。ヘンな会社、ヘンな業界である。

とはいえ、これからのほとんどの日本企業は、商社が行ってきたような大きな収益方法の変更をする必要に迫られるだろう。

空調機メーカーは、空調機を売るビジネスから、適温の空気を売って毎月料金を取るビジネスを模索している。広告代理店は、従来のテレビ広告の代理業（エージェント業）だけでなく、自分たちがリスクを取った事業型ビジネスを行わないと、生き残れないと危機感を持っている。

日本は、他の先進国と同様、かつての高成長を今後見せることはない。低成長で、変化が激しく、情報が大量にあふれる、いわば「成熟社会」に移行する。その成熟社会に適応するために多くの企業が、創業以来の収益方法を大きく変える必要に迫られる。今風の言葉でいえば、「ビジネスモデル」を変える必要が出てくる。そのうちのかなり多くの会社が、いわゆる「事業型ビジネス」を目指すことになる。

そうしたときに、先に時代の変化の荒波にもまれ、苦労しながらも一斉に「事業型ビジネス」に変化した、「業態変革」「ビジネスモデルシフト」の先例として、商社の経験が参考になるだろう。

世界的に見てもヘンな会社「SHOSHA」

もともと、日本の総合商社の形態は、世界的にも類例がほとんどない。だから、日本の経済やビジネスを分析する英語の文章では、「SOGO SHOSHA」とか、「SHOSHA」とそのまま書かれる。

実際、海外に行って、日本の商社を知らない外国の人に、商社の説明をするのは難しい。「トレーディングカンパニー」と言うと、通関手続きや船積み手配をしている会社を想像してしまい、いまの事業投資型の商社を上手く説明できない。

だからといって、「投資銀行」みたいなものというのも、相当違う。相当量の商品在庫を本社のバランスシートに記録して、実際に倉庫で在庫を持って売ったり買ったりもしているからだ。

しかし「コングロマリット」と言うほど、様々な分野で大きな工場を持っているわけでもない。本体単体の従業員数は、4000〜6000人と、なんとも中途半端である。

結局、資源の開発、プラント、テレビショッピング、食料の輸入など、ばらばらといろいろと列挙して説明するしかない。そうするとたいていの外国の人は驚いて、大きくて多様なことをしているのだなということだけは、理解してくれるようだ。ただ、最後まで腑に落ちない顔をしている。

世界的に見てもヘンな会社なのである。

すっかり変わる商社のランキングの基準

春の通勤電車の中で、見た目ですぐにわかる新入社員の姿を見ると思い出す。私が新入社員として入社したての1986年の春、商社の決算が売上高の順に並べられて新聞に発表されていた。それを見て、上司や先輩が勝った負けたと騒いでいるのを不思議な風景として眺めていた。商社の売上高競争の全盛期であった。

あれから30年たったいま、世間が商社を見るときに重視するのは、売上高から税後利益、それも、単体決算ではなくて連結決算の税後利益に変わった。新聞に商社の決算が出るときでも、売上高はほとんど書かれず、連結税後利益の大きい順に大手商社が並べて報じられる。それは、商社の収益の方法が売買仲介型から事業投資型に変わったからだ。

以前は、海外との輸出や輸入、あるいは、その貿易業務の代理業（エージェント）をして口銭（コミッション）をもらうのが主流だった。いわば、モノを安く買って、国境をまたいで運んで、高く売る商売だった。

いまの事業投資型のビジネスは、会社（事業）の一部または全部を買って、成長を助けて、成長した分の利益持ち分を得る。そういう稼ぎ方にすっかり変わってしまった。

30年前、商社は輸出や輸入の貿易ビジネスを中心としていたので、売上高が大きい商社を収益力の大きな商社だと見なすのは正しかった。1億円の契約でも10億円の契約でも、注文を取るためにする交渉の手間や貿易の手続きはほとんど同じだ。そして、貿易取引の仲介の利益率は、おおむね数%で大きく変わらない。そうであれば、売上が大きい商社が、利益も大きくなるからだ。

ちょうど日本経済が高度成長を経て、欧米の先進国に追いついた頃でもあり、商社が、その巨大な日本経済のかなりの部分に関与しているという高揚感も手伝って、売上高競争に向かっていたのだろう。

しかし、世間が売上高で商社の評価を決めるのが常態化すると、各商社は、本来の目的である利益そっちのけで、とにかく売上高をあげようと、無意味な競争に走ってしまう。

これは、どこの業界でも起こることだ。例えば、テレビ放送業界における視聴率競争、素材産業における出荷重量の競争、ネット業界におけるアクセス数の競争などもそうだろう。

そのあまり意味のない商社の売上高競争の典型的な例に、「貿易代行」売上というものがあった。例えば、日本の大手メーカーが、海外の販売拠点に自社商品を輸出するときに、輸出契約は販売拠点と直接するが、貨物の運搬、通関、保険などの貿易手続きを商社に委託することがある。その貿易代理業の口銭は、取り扱う輸出貨物の価額の数%とそのメーカーと商社との契約で決めていた。例えば、1億円の貨物の輸出代行をすれば、その5%の500

万円がメーカーから商社に支払われる。これはこれで機能のあるサービスに対する正当な対価で、立派なビジネスである。

しかし、その経理処理は、妙なものだった。普通に考えれば、商社の売上は、その口銭の数%、右の例でいえば500万円だけのはずだ。しかし、当時の商社は、売上高をかさ上げするために、その輸出価額全体の1億円も貿易代行の売上としていた。経理処理としては、500万円の通常の売上伝票に加え、貿易代行の売上1億円、売上原価1億円、入金（売掛金）も出金（買掛金）もなし、という奇妙な伝票を切り、売上高1億500万円とするのだ。

これは、不思議な経理処理である。例えば、クリーニング屋の売上は、クリーニング代としてシャツ一枚につき300円だったら、お客が支払ったその額がクリーニング屋の売上となる。これを、クリーニングしたシャツのデパートでの販売価格3000円まで足して3300円を売上に計上するクリーニング屋はいない。しかし当時の商社は、シャツの価額まで足して売上をあげるような経理処理をしていた。

売上高競争が高じてこうした処理がどんどん極端になっていった。当時、ある商社が、コンビニエンスストアのチェーンと業務提携をして商品調達などのアドバイスをし、対価として売上高の0・001%の数百万円を経営指導料として受け取る契約をした。そのときにその商社は、コンビニエンスストアの日本全国のチェーン店の総売上数千億円を自社の商社の売上として加えたという。あくまで噂として聞いたので真偽のほどはわからない。しかし、当時の商社業界全体にこんな話がまことしやかに流れるような状況があったのは確かだ。

商社マン以外の昔のビジネスパーソンで、商社にあまりいい印象を持たなかった人もいるかもしれない。自分で連絡しようと思えばできなくもないお客を商社の人に紹介してもらっただけなのに、利益はほとんどいらないから売上だけでもあげさせてくれと頼まれて、辟易としたようなことがあるかもしれない。それくらい、売上高を求めていたところもある。

そうした売上高競争を経て1980年代から2000年頃にかけて、商社は、業績の指標を、単体決算の売上から単体決算の税後利益に移していった。

さらに、2000年頃から現在にかけて、商社は、単体決算の税後利益から、連結決算の税後利益（当期純利益）に業績指標を移していく。

それは、前述したように、商社が、ビジネスモデルを売買仲介型から事業投資型に変えたからだ。

いまでは、商社の売上高なんて、誰も見向きもしなくなってしまった。2017年5月10日の日本経済新聞朝刊の商社の決算を比較する記事を見ても、売上高には全く触れず、連結税後損益に関してしか記述がない。商社の経営状態の良し悪しを見る基準として売上高が役に立たなくなったからだ。

おそらく、商社が30年前にやっていた売上高競争をあのまま続けていたら、みんな潰れていただろう。

商社の新入社員に、次のようなアドバイスをしたことがある。

いまの商社の決算では、連結税後利益が一番注目を集めているし、会社もそれに向けて社員に目標の達成度合いを聞いてくる。しかし、これは、私が入社したときの売上高のようなものかもしれない。いまの基準も、あと20年後、30年後は、また違う基準に変わっているだろう。いや、変わっていないと危ない。なにせ、これまでの20年よりこれからの20年のほうが世の中は早く変化するからだ。だから商社は、変わらないままでは潰れているかもしれない。

取引先との会話も変わる

取引先との打ち合わせでの会話も、ずいぶん変わってきた。

商社でEC（電子商取引）やテレビショッピングの通販事業を担当していると、メーカーの人が、伝手《つて》をたどって本社の担当部署まで商品の売り込みにくることがある。

お話を伺ってから、「面白い商品ですね。子会社の通販会社に取り扱えないか聞いてみましょう。通販会社にいくらで卸すことができますか」と話すと、急に、そのメーカーの人がもじもじされる。「ところで、ご紹介いただいた場合、本社のあなたの部署にどれだけ口銭を落とせばよいでしょうか。それによって、通販会社にお出しする値段も変わりますので」。そのようにメーカーの担当者から返されると、いまの商社の若手社員は、何を言われているのかすぐには意味が理解できない。

そこで、「いやいや、本社は、売上も口銭も頂きません。その代わりと言っては何ですが、子会社に1円でも安く卸してやってください。本社の売上ではなくて、子会社の利益の大小で、僕らのボーナスも決まりますんで」という説明をする。こういう説明を聞くとメーカーのベテランのビジネスパーソンほど、「商社が口銭を取らないんですか⁉」と目を丸くして驚く。

こうして、売上高競争をしていた売買仲介型から、関係会社を含めた利益の最大化を目指す事業投資型に変わると、取引先も面食らうほど打ち合わせ内容も変わってくる。

またユニークな商品・サービスを出している会社を訪ねてする打ち合わせの内容も昔とは変わってきた。そういう打ち合わせでは、最初は、それぞれの会社の紹介をしたうえで、その商品の説明を伺って、お互いにいろいろと質疑応答をする。

そして、打ち解けて盛り上がってきた頃、売買仲介型のビジネスならば、「この商品をA国のB社向けに、当社で取り扱いさせていただけないでしょうか」と聞くことになる。

ところが、事業投資型のビジネスの場合、「資本政策は、どうお考えでしょうか」と相手の会社の資本政策、つまり資金需要と増資の計画を聞き、自分たちがその会社に出資する（株を買う）チャンスがあるかどうか尋ねることになる。

社員の考え方も変わる

社員が身につけるべきスキルも変わってきた。10年以上前、投資案件を検討していたとき、売買仲介ビジネスで育ってきた30代の部下に、ＩＲＲ（内部収益率：投資の利回り）の計算を頼んだところ、「これ、僕は詳しくないんです。エクセル（表計算ソフト）の計算なんか、若いやつにやらせてくださいよ」と返してきたので、説教をしたことがある。「これからの商社では、ＩＲＲの計算の細部までわかっていないと、生きていけないぞ。昔でいえば、貿易用語の『ＣＩＦ（運賃保険料込条件）』を知らないと商社で働けなかったのと同じようなもんだ」と。

そういえば、原田知世が主演した映画『私をスキーに連れてって』（１９８７年）では、総合商社の社員が、「ＣＩＦ」という言葉を会話の中に出して、いきがる場面があった。いまとなっては、飲み屋で、きざな商社や外資系投資会社の若手が、投資用語の「ＩＲＲ」や「ＥＢＩＴＤＡ《イービットディーエー》（税引前利益に特別損益、支払利息、減価償却費を加算した値）」を使っていきがっているのを見ると、隔世の感がしないでもない。

会社全体の経営をし、案件の評価と管理をする幹部も、戸惑いながら考え方を変えていった。その過程では、現場の担当と、管理側でかみあわない議論が行われた。

例えば、「お台場の観覧車」を、従来の売買仲介型ではなく、事業型のビジネスにしようとしたとき、会社の幹部から「観覧車を回すのがウチの仕事か」と問われた。問われたほうは、自分の担当の仕事をバカにされたようで面食らった。しかし、いま思えば、売買ではなく事業として観覧車を回そうとしている現場の意図を正しく理解したうえで、戸惑いながらそこまで当社がやれるのかという質問であった。

また、買収投資案件で企業価値を算定するときに、従来の売買仲介での取引先の債権限度額の算定から、考え方を切り替えられない人もいた。投資ではなく融資の視点で、貸した金を返済する資産があるかどうか、純資産を中心に債権の担保価値から企業価値を見てしまう。具体的には、対象会社の純資産の小ささや過去に高金利で借り入れて返済した財務履歴に過度に注意が向かってしまう。

投資における企業価値の算定では、将来に稼ぐキャッシュフローから算定した価値が、価値のほとんどを占める。つまり債権の担保の視点では、過去の稼ぎの蓄積が気になるが、投資の視点では、将来の稼ぎの成長に関心が集中する。この違いを自覚的に理解していないと、筋違いの指摘になってしまう。

あるいは、投資総額と投資件数が、年度計画よりも少ないとして、「投資規律が弱い」との批判がなされたこともある。

私が思うに、お金を稼ぐ売上や利益は、計画を上回り多ければ多いほどよいが、お金を使う投資は、同じ利益を産み出すなら少なければ少ないほうがいい。経費と同じで計画を下回って、同じ成果が出せるならそれに越したことはない。年度の計画を達成するためにリスクの高い投資を無理にするのは、むしろ投資規律の欠如だ。これも、売買仲介型の管理の発想が抜けきれず、投資計画を売上計画の視点で見てしまっているから出た過ちだろう。

このような指摘をする管理者本人も自分が売買仲介型ビジネスの視点にとらわれていると自覚していない。指摘された投資案件担当者も、思いもよらなかった指摘を受けて、意味がわからず、上手く答えられない。あるいは、全く別の考え方を理解してもらうのは不可能だと感じてしまう。こうして、すれ違う議論もままあった。

いま思えば、ビジネスの仕方を大きく変えたので、本人が気づかないうちに、昔の「売買仲介型」の考え方が出てきてしまうのは仕方のないことだった。

一人で同時に何でもやる

商社は、「ラーメンからミサイルまで」何でも売る、取扱商品の多様さを誇ってきた。何千億円もするプラントの契約をするかと思えば、単価数百円の農産物も売買する。他にも鉄鉱石、原油、化学品、ブランドの服飾、紙など、世の中のあらゆるものを扱っている。

しかし現在では、商社以外でも、アマゾンや投資ファンドなど、取扱商品や事業が多様な会社も増えてきた。

現代において、商社の仕事のユニークさは、取扱商品の多様さもさることながら、一人の担当者が様々な機能の仕事を何でもやっていることにあるだろう。

商社の売買仲介型ビジネスの営業担当者は、そのビジネス、プロジェクトに関わるあらゆることをする。売る側の交渉と契約、買う側の契約と交渉、クレーム対応、物流手配。商品やビジネスによっては、開発のための投資の一部負担やファイナンスも金融機関と打ち合わせて決めてくる。これらをほぼすべて一人の担当者が同時にやっている。

メーカーでは、販売（売る側）、購買（買う側）、カスタマーサービス（クレーム対応）、物流、R&D（研究開発）投資、財務（ファイナンス）などの機能を、それぞれ別の専門組織が分担して、会社全体で組織的に機能する。人事的にも、営業畑、購買畑などと専門性のあるキャリアを積んでいる。

メーカーの場合、逆に、社歴10年の人でも、違う機能の話はほとんどわからない。購買畑の人は、営業やカスタマーサービスのことはあまりわからない。少なくとも社外との交渉の機微は、わからない。だから、メーカーで営業というと、このうちの販売だけを指すことが多い。

ところが、商社の営業というと、このすべてを、しかも一人で担当することが多い。そして、業務に関わる結果責任を担当者が負っている。

こう書くと、商社の担当は、何でも一人でやるスーパーマンに見えるかもしれない。しかし、商社の人間から見ると、一人でその取引に関するすべての状況を把握して管理するほうが簡単だ。売り先から契約キャンセルの申し出があれば、売り先には抵抗しつつ、同時に、これは文字通り同日中に、買い先に連絡して契約キャンセルのときのダメージを最小にするように準備してもらう。買い先からの納期が遅れそうなら、絶対に日にちをおかずに売り先に至急連絡して対応を考えてもらう。こうした素早い対応ができるのは、一人の担当が、売り先とも買い先とも日々接しているからこそだ。

私は、商社を卒業して、メーカーに転職してから、このことをより一層強く再認識した。商社の担当というのは、他の会社では分業していることを一人の担当者が全部やっているんだなあと。もちろん、商社の担当がするのは、薄く広くであって、個々の仕事の専門性は、専業事業者に及ばない。

逆にメーカーの場合は、大きな機能組織から大きな機能組織に情報が横に流れたり、階層の上下に意思決定が連鎖しながら対応する。それでも、素早く対応していくのだから、大変な組織的ノウハウがあるといえる。

事業投資型ビジネスでもすべてやる

事業投資型ビジネスでも、「営業」の担当がすべて行い、結果責任を負う。契約、財務、法務など、もちろん専門部署からのサポートを得るけれども、基本的に、ほぼすべての意思決定と実作業は、営業部だ。そして営業部の担当者が結果責任を負う。

普通の事業会社では、どこかの企業の株を買ったり、M&Aをする投資となると、財務部か、企業投資専門部署が担当することが多い。しかし、商社では、それも営業部が行う。

私は、ある大手企業R社とパートナーシップを結び、共同で外国の会社を買収する案件を担当したことがある。

R社は、まず、そういうM&Aを担当する部署の人が打ち合わせに出てくる。証券会社などから転職してきた専門家だ。そして、財務の話は財務部、契約については法務部、買収後運営についてはそのオペレーションをする事業部とそれぞれ別の人が出てきて打ち合わせる。

これに対してこちらは、3名の決まった担当がすべての打ち合わせに出る。営業部の中の一つの課の中にある、その案件担当チームだ。

一度、その案件の最終局面で、案件の全体を見渡すような重要な会議を行った。先方は、各部署から数名ずつ出てきて総勢30人くらい打ち合わせに来られた。商社の側は、担当とその課長の4名だけだ。

そのときも、先方から、どうやってこんなにすべてわかる人材を育てるのかと聞かれた。商社のこちらからは、こんなに大人数が並列に関係していて、どうやってマネージするのかと聞いてしまった。

これは、組織スタイルの種類の問題で、組織やスタッフに優劣をつける話ではない。ただ、商社のスタッフというのは、事業投資型ビジネスにおいても、一人で同時に何でもやるのは確かだ。

このように、ある一瞬をとらえたときに、一人の商社マンは、同時に様々なことをやっている。

一人の商社マンが手掛ける分野の広さ

一人の商社マンが、商社に在籍している数十年の長い期間中に手掛けるビジネスの幅も広い。

先に述べた売上高を追求する売買仲介型のビジネスも、連結税後利益を追求する事業投資型ビジネスも経験するだろう。

いまや一つの産業分野の消長が速いので、本人が希望するしないにかかわらず、何度か異なる分野の産業に関わることにもなる。

それに、新規事業を行うなら、それは「新規」という定義上必然的に、誰も経験したことのないことを経験することになる。後に述べるように、商社にとっては、新規事業を起こすことは、ほぼその存在意義にもあたることなので、避けて通ることはできない。

ここでは、一人の商社マンが手掛けるビジネスの幅の広さを示す意味で、私が30年の商社在籍期間で担当したビジネスをあげてみたい。

自分では、上手くいったと思う4件を最初にあげる（最初の「お台場の大観覧車」と「ライフネット生命保険」は、拙著『ビジネスをつくる仕事』〈講談社現代新書〉で説明した）。

○「お台場の大観覧車」：地域開発
東京お台場近辺にある観覧車及びパレットタウン案件の立ち上げ
○ライフネット生命保険：ネット金融ＢtoＣ事業
ネット生命保険への開業資金投資、立ち上げから上場まで担当
○リクルート社との資本業務提携：大型投資と資本業務提携
当時未上場のリクルートへ出資し、共同で新規事業を行う業務提携
○米国人材派遣会社の買収
リクルート社と共同で日本勢１００％で米国会社を買収、収益化

それぞれ、結構、ばらばらではある。また、30年もいて4件だけかともいえる。しかし、上手くいったのが4件でも多いほうだと思う。

この他、立ち上げたけれども、それほど儲からないのでやめてしまった案件とか、会社の上層部の理解や指示を得て企画立案したが最終的に断念した新規案件などをランダムに一部あげてみたい。

○半導体メモリーの輸出・三国間貿易

○半導体の製造受託、製造分業
○携帯情報端末（ＰＤＡ）のユーザーインターフェイス開発（１９９０年代）
○システムインテグレーション会社の運営
○中国向けＣＡＴＶケーブルの販売
○中国向けキャッシュディスペンサーの販売
○世界最大のお化け屋敷の企画・建設・運営
○ショーパブの運営（私が出向するつもりで企画していた）
○ゲームセンター内のＩＣカード決済システムの構築と販売
○オンライン型ロールプレイングゲームMMORPGを台湾から日本に導入
○日本製プロジェクター用光学部品の輸出
○ノートパソコン用通信モジュール部品の三国間貿易販売
○介護情報事業の開始と運営
○医療情報サイト事業の運営
○テレビ視聴率調査会社への出資
○超小型人工衛星のベンチャーへの投資

私は、新規事業を始めるのが好きだったこともあり、多くの異なる種類のビジネスを担当した。平均的な商社マンに比べて、相当幅の広いほうだったと思う。

とはいえ、どこの商社でも誰かが、右記のようなビジネスか似たようなことをしているだろう。ネット損保を手掛けた人、人材事業を始めた人、システム会社を立ち上げた人は、どこの商社にも一人や二人はいる。私のように一人で、それらをみんなやったことのある人は珍しいかもしれないが、商社マンは、それらの幅の広いビジネスのどれかを経験する可能性は、十分ある。

就活生の息子と父親の会話

この章のまとめの意味もこめて、就職活動中の大学生の息子とその父親の問答を描いてみた。いまはじめて社会の仕事について知識を吸収し始めた大学生と、ビジネス経験があると自負する50歳前後の父親の典型的なちぐはぐな問答だ。

息子「商社って、どうよ？」

父親「ラーメンからミサイルまでいろんな商品を扱う、日本だけにある独自の形態の会社で……」

息子「コンビニだって、おにぎりからライブチケットまで扱っているよ。アマゾンでも、何でも買えるよ。日本独自なのかな。商社だけなのかな」

確かに、取扱商品の幅広さだけでは、いまやそんなに独自性はない。

父親「日本人が誰も行かないようなところまで、世界中でモノを買ったり売ったりしている」

息子「この前、日本にいる僕が、エジプトの人とフェイスブックで知り合ってスカイプで話してペイパルでお金を払って商品を買えたよ。世界中でモノを売買するのがそんなにすごいのかな」

いまや、単純な貿易なら、個人でもできてしまう。国際性やグローバル展開は、メーカーでもどこでもやっている。

父親（1980年代のテレビドラマ『ザ・商社』『炎熱商人』の主人公を演じた山﨑努や緒形拳を思い浮かべて）

父親「商社マンのイメージとしては、背広の上着を肩にかけて世界中のジャングルや砂漠にまで分け入って、ビジネスをする……」

息子「会った商社の先輩って女性もいたし、そんな恐ろしい感じというよりも、柔軟な感じの人が多いけどなあ。先輩とは、マンガの話で盛り上がったよ」

父親（昔、自分の仕事で商社の人と打ち合わせたことを思い出し）「いろいろなビジネスで売り手と買い手をつないで、その間に入り売買口銭（コミッション）を取ったりしている」

息子「商社の先輩に聞くと、いまは、仲介手数料の収入が減っているんだって」

商社のコミッションによる収入は、減少している。

父親「そういえば、最近の新聞なんかを見ていると『資源の権益ビジネス』で儲けているようだな」

息子「『資源の権益ビジネス』って、何だろう？　それに、資源ビジネスの儲けの比率が高いのは、大手5社のうち2社だけだってよ。他は、どうしているんだろう」

ここでの親子の会話では、父親の商社のイメージは、ことごとく現在の実態から離れている。一方で、就活生の息子の指摘は、とても鋭い。商社は、こういう課題に応えようとして、業態を変えてきたともいえる。

いずれにしても、こうなると実社会のことを少しは知っていそうな「オヤジのメンツ」も丸つぶれだ。

実際、世の中の仕組みに通じたビジネスパーソンですら、これ以上続けて商社の説明をつっこんでできる人は、それほどいない。いまの商社がどんな仕事をして、どういう風にお金儲けをしているのか、ほとんどの人が知らない。たとえ、自分は知っていると思っていても、じつは、いまの商社の実際のビジネスと大きくずれてしまっている。

それは、私と同年代の40代、50代のお父さん世代が就職活動をしていたときに知った商社とは、20年から30年たって、大きく業務内容が変わってしまったからでもある。また、商社以外の会社のグローバル化が進み、商社の独自性が薄れたからでもある。

じつは平凡？

先の親子問答でもわかるように、じつは、商社だけにしかないような際立った特徴というのは、いまではあまりない。

「ラーメンからミサイルまで」と言われた商品分野の幅広さも、アマゾンやコンビニに負けているかもしれない。

グローバルという特徴も、パナソニックやトヨタ、あるいは、プラントエンジニアリング会社なども、世界中の隅々まで進出していて、唯一独自のものではない。事業投資をするといっても、米国の投資銀行や、ファンドのほうが、その分野では先行しているように見える。

総合商社が、世界に類を見ない形態の会社であるのは間違いない。しかし、個々のビジネスを取り上げてみると、誰もやっていないことではない。

資源ビジネスなら、資源メジャーと同じようなことをしている。プラント建設でもプラント会社が商社を介さず独自で受注することもある。商社以外でも、ラーメンを扱っている会社もあるし、ミサイルを扱っている会社もある。

実際に、ビジネスの現場では、しばしば、「自分たちの機能って何だろう」と考え込むことがある。

商社は、世界の他にないユニークな会社だと威張ったところで、じつは、ビジネスの現場での個々の機能は、ありふれたものであり、専門特化した会社にかなわない。

ヘンな会社のくせに、じつは、エッジが立っていない。平凡だ。

確かに、私が就職活動をしていた30年前に、すでに商社不要論が出ていた。その頃から、国際間の連絡方法や決済や物流がますます整備されて、貿易実務の障壁が下がり、メーカーや他のサービス業の会社が容易に貿易できるようになった。そのために商社が、貿易のエージェントコミッションで稼げなくなりつつあり、「商社冬の時代」とも言われた。

その就活のときのことだ。リクルーターをしてくれた数年上の先輩に、率直に「冬の時代と言われていますが、本当ですか」と聞いたことがあった。

そこに居合わせた二人の先輩が目を見合わせた後、はっきりと「冬の時代は、本当だよ。僕たちは、次の新しい機能を見つけ出さなければならない。必死だよ」と言ってくれた。

私は、その言葉を聞いて、妙な安心感を持ってこの会社に行こうと思ったのをいまでも鮮明に覚えている。これだけ変わり身の早い会社が、こんな若い社員も含めてみんなが変わらなければ生き残れないと信じているなら、なんとか生き残るだろう。「健全な問題意識は、問題を解決する」というくらいは、学生でも肌で感じてわかっていた。その変化を楽しんでやろうと。

その後、円高不況、バブル崩壊、ネットの普及による中抜き商社不要論など、やはり冬の時代は、本当だった。１９９０年代の商社は、利益の低下に苦しむ。

それでも、しばらくすると商社は、巨額の利益を出して復活してきた。どのように復活してきたのだろうか。

この10年くらいは、商社は資源ビジネスで稼いだと思っている人も多いかもしれない。しかし、5大商社（伊藤忠商事、住友商事、丸紅、三井物産、三菱商事）のうち、資源ビジネスが全社の利益に占める比率が高いのは、三井物産と三菱商事の2社だけだ。貿易エージェントコミッションの収益が落ち、資源ビジネスの比率もそれほど高くないなら、一体、どうやって生き延びてきたのだろうか。

それは、いま振り返ると、事業の多様性と自分たちを変える力のおかげだったと思う。「何でもやっちゃう」「すっかり変わっちゃう」からこそ生き延びてこられたのだ。

ここで、就活生に率直に一つ言えるのは、何か本当にやりたい決まったことがあるなら、商社ではなく、専門の会社に行ったほうがいい。

資源ビジネスが本当にやりたいなら、BPか石油資源開発に就職すればいい。ひたすらネットビジネスの可能性を追求したいなら、ネット企業に勤める。社会貢献事業がしたいのなら、公務員かNPOの仕事に就くべきだと、私は、個人的には思う。

一方で、専門的にやりたい分野がこれといって決まっておらず、むしろ、様々なビジネス分野、様々なビジネスの業務を経験したい人には、商社は、向いているだろう。

多様性と変化が楽しめるかどうかが、商社に勤めるかどうかの決め手だと思う。

第2章　サラリーマンとしての商社マン

出世コースと左遷

商社マンも所詮サラリーマンである。会社が決めた赴任地で、会社が配した上司・部下・同僚とともに、会社が指示する分野の仕事をする。自分の配属先と担当する仕事に、悲喜こもごもの思いがつのる。世間のサラリーマンと全く変わるところがない。

テレビドラマの『半沢直樹』では、子会社に出向するのが冷遇された人事のように描かれていた。あれは、原作者が在籍していたという１９９０年代の大手銀行の感覚だろう。いまの商社では、子会社への出向は、むしろキャリアアップであり、一つの出世コースだとも言える。実際、中堅若手の育成について部長が、「A君は、優秀なのにまだ出向経験がない。これでは出世にさわるから、なんとかいい出向先を見つけなければな」という会話が、普通に行われる。

というのは、いまの商社の稼ぎどころは、本社ではなく子会社になっているからだ。だから、会社としても優秀だと評価している人は、子会社に送り込み利益を最大化しようとする。優秀だと評価していない人は、子会社の邪魔にならないように、本社で手元においておこうとする。こうして、昔の左遷が、いまでは出世コースとなっていることも多い。

また、ビジネスが変わるスピードが速いので、昔、出世コースと言われたポジションがいまでは、ほとんど脚光を浴びていないことがよくある。私が1986年に入社した当時、稼ぎ頭とか名門とか言われ、そこの出身の役員がいたような営業部が、10年、20年後に利益を出せなくなり、部自体がなくなってしまった例など枚挙にいとまがない。

また、以前では、海外赴任経験がない商社の社長なぞ考えられなかった。しかし、伊藤忠の岡藤正広社長は、海外赴任の経験もなしに社長になって立派に務めておられる。

だからいま、脚光を浴びていて、新入社員が憧れる部署やポストも、きっと10年、20年たつとダメになっているのだろうなあと、私のようなおじさんは、思ってしまう。

これは何も、商社に限ってのことではない。すべての会社、すべてのビジネスにいえることだろう。例えば、かつてトヨタといえば、カローラが最大の販売台数を誇っていたが、いまではヴィッツやプリウスのほうが圧倒的に存在感がある。カローラは車のブランドというよりも、「トヨタカローラ」という販売会社のブランドのようだ。

ビジネス全般の将来性について話を続けると、いまの稼ぎ頭が落ちていくからといって、将来に伸びそうな最先端のものがいいというものではない。30年前に私が就職する頃は、日本の半導体産業が、世界の最先端を走っていて、今後もますます成長する産業だと思われた。しかし、いま、日本の半導体産業はほぼ壊滅している。

就職する業界や会社を選ぶにしても、社内のどこかの部署を目指すにしても、出世しそうだからとか、いま脚光を浴びているからといって選んでも、目指した結果につながる確率は低い。言ってみれば、人知を超えた誰もわからない世界なのだ。だからこそビジネスは、面白い。サラリーマンを30年やって、そう思いいたる。

タコツボ人事？

商社に入社して最初に配属された部署が、タコ・イカチームなら、一生タコとイカのビジネスだと言われることがある。実際には、そこまで極端な例はほとんどない。ただ最初の部署がタコ・イカチームだった場合、その後も食料・食品関係の部署であることは多い。

しかし、コカ・コーラや日本ハムに勤めれば、一生食品関係の仕事だろう。また、商社の財務・経理部署にずっといたとしても、銀行で行われている窓口業務以外のすべての業務は、担当する可能性がある。本人にとって、商社に勤めると、とりわけ担当の仕事に変化と多様性がなくてつらいということはない。

商社の人事は「背番号制」と言われる。食料、鉄鋼、機械、財務などおよそ10くらいの大まかなグループの背番号が全社員についている。基本は、そのグループの中で人事が行われる。この「背番号制」をもって、商社はタコツボ人事だと批判されることがある。しかし商社以外の会社でも、「あの人は、労務畑」という言い方があるように、商品分野や営業、労務というグループがあって、その中で人事がされているのだから同じようなものだろう。

ただし、背番号の部署以外の仕事をすることも結構多い。まず、数人しかいない海外拠点に転勤したときは、自分の背番号以外の仕事もする。本人には、これが結構刺激になって面白い。また、企画、戦略、業務などといった名がついた全社的管理部門にも数年の任期で社内出向的に行くこともある。さらに、自分が行きたい部署に異動して「背番号」を変える社内公募、あるいは、フリーエージェントのような制度を導入している商社もある。

最近では、ビジネスの変化のスピードが速いので、商社でも収益力のある業務が変わり、それに応じて組織もどんどん変わる。背番号のグループも統廃合が行われて変化する。

私は、商社に勤めた30年間で28回所属部署名が変わった。また、背番号変えをする制度を使ったり、組織変更などもあり、背番号は５回変わった。新入社員によく言っていたが、私のこの異動の履歴を見ても、入社初日の４月１日に自分の配属先を聞いて一喜一憂したところであまり意味がない。

結局、商社が他の会社に比べてとりわけタコツボ人事だとは、言えないだろう。経済状況の変化もあって、最近ではタコツボ人事とはほど遠い横断的人事が増えている。むしろかえって変化が多すぎてストレスに感じる人のほうが多いように見える。私は、好奇心が強いので、部署を異動するのは、大好きだったが。

エビ博士

商社の仕事に限らず、一般的にビジネスパーソンのキャリアとしては、じつは一つの商品を極めていくほうが王道ともいえる。一つの商品をずっと担当していても、ビジネスというのは変化と多様性に満ちていて、真剣にやればやるほど飽きることがない。商社では最近、一つの商品を担当し続けるというのは珍しくなってきているが、本人の希望もあって、エキスパートとして極めていく人もいる。

以前、エビのビジネスをずっと担当して、社内で「エビ博士」と言われている先輩と仕事をしたことがある。私は、日本の人材ビジネスの会社と共同で、フィリピンのエンジニアに日本で働いてもらう新規ビジネスを企画検討していた。そのときにフィリピンの支店で担当してくれたのが「エビ博士」である。

「博士」は最初、「僕は、エビしか知らなくて、こんな新しいビジネスは何もわからないので、いろいろ教えてね」などと言っておられた。ところが、いざ、我々がパートナー企業と調査を始めると、じつにスピーディかつ正確に現地の市場環境、規制、競合状況などを調べ、このビジネスに協力してもらう必要がある企業を次々と紹介してくれる。出張して相談していると、ビジネスモデルについても、貴重なアドバイスが次々と出てくる。日本のパートナー企業の担当も出張で行くたびに、「エビ博士」のファンになって帰ってくる。エビしか知らないと言っていたのに、どうしてこんな最新の複雑なビジネスの「きも」を理解できるんだろうと、不思議でしかたなかった。出張したときに、せっかくエビ博士と飲むのだからと、彼の経験したエビのビジネスの話を聞いて、その謎が解けた。

エビのビジネスと一言でいっても、いろいろな形態があり、日本経済や商社のビジネスの変化とともに、大きく変わった。海外の会社からエビを買って輸入する。国内で、売り先を回って営業して歩く。あるいは、海外に養殖場を立ち上げて運営する。海外のエビの加工会社を買収して経営する。そうなると、規制当局と打ち合わせ、技術者や工員を雇って、事業運営をしなければならない。それだけ多様な形態のビジネスをしていると、新しいビジネスを見ても、勘所が的確にわかる。また、エビのビジネスを通じて、現地の社会、政府、企業のやり方をよく理解できている。そして何より、何事かを極めた人が持つ、人を引きつける独特の魅力が出てくる。出張して会った人がみんなファンになるのもよくわかる。

私などは、多様な分野のビジネスを担当したおかげで、新しいビジネスについて少しはわかる目が持てていると思いこんでいた。エビ博士を見ていると、そういう自分が恥ずかしくなってきた。一つの分野で極めると、全体を把握できるという面が大いにあると感じ入ってしまった。

炎熱商人は絶滅危惧種？

中高年にとって、商社マンのイメージというと、NHKドラマ『ザ・商社』（1980年）の山崎努や、『炎熱商人』（1984年）の緒形拳の姿だろう。

眉間《みけん》に2本の深いしわがあり、脱いだ背広の上着を肩にかけて一人でジャングルや砂漠を歩いていく。これらのドラマの主人公のように、上司や組織に逆らってでも自分のビジネスをなんとか立ち上げようとするサムライビジネスマン。

あるいはまた、声が大きくて、ちょっとあくの強いタフネゴシエーター。お酒に強くて、カラオケ、ゴルフも上手という印象もあるだろう。

しかしいまは、このような勇猛果敢なサムライ商社マンは絶滅したとまでは言わないが、ずいぶんと少数派になってしまった。

一つの理由は、昔の売上高競争を社内外でやっていた頃は、しっかりと売上を上げてきた人に、性格がどうであれみんな一目おいていたからだ。そこから先は個人の性格にもよるが、そうした人の中には、大きな顔をして、上司や人事部などなにするものぞという猛者《もさ》もいた。

しかし、事業投資型のビジネスになると、組織や上司といい関係をつくっておかないと、社内許可を得られず、新しい投資をして事業を始めることすらできない。また、利益を生み成果が出るまで時間がかかるので、赤字であっても将来必ずやいいビジネスになると意味づけを説明して会社の継続的支援を取り付けなければならない。そうなると、組織や上司にも気配りのできるバランスの良い人が、実績を上げていくことになる。

さらに、事業投資型の場合、新しい投資先候補と打ち合わせをするときなど、あくの強い人が眉間にしわを寄せて取って食わんばかりの態度をとっていては、相手が怖がってしまって、出資を受け入れてくれない。温和で、聞き上手で、ベンチャー企業の創業者が安心するような人が新規投資先を上手に見つけてくる。いつもニコニコして、「当社は自由な社風で、自分自身もこういう新しいビジネスでワクワクしたいので、一緒に働きたい」という態度こそが必要になる。

また最近では、商社でも女性の総合職が増えてきたので、あくの強い商社マンが肩で風切って歩いているというイメージとは、ずいぶん違ってきている。

職場の雰囲気

私が商社に入社した頃は、女性の一般職を総合職より多く採用し、一人の総合職の男性の担当者に2人の一般職のアシスタントがついていたりした。女性の多い職場でもあった。

しかしいまは、商社の一般職の採用人数は、総合職よりもずっと少ない。いまの事業投資型のビジネスの職場では、10人ほどの一つの課に、総務的事務をする一般職の女性が1人か2人、総合職の女性が1人くらい、合計でも課全体で2〜3人しか女性がいない。

このように職場の雰囲気が大きく変わったのも、売買仲介型ビジネスと、事業投資型ビジネスでは、総合職の社員も一般職の社員も、毎日やっている作業が大きく変わったからだ。

売買仲介型のビジネスでは、総合職の社員は、売り先と買い先との契約条件を交渉して決めるのと、クレームなどの突発事象対応が仕事だ。一般職の女性は、総合職の担当者が決めた内容を契約書に作成し、商品の出荷、輸出入手続き、入出金の手配などをしていく。

商品分野にもよるが、一つの課で毎月数十から数百の取引と手続きを実行していくので、総合職の社員も一般職の社員も何かとせわしないし騒々しい。昔は、担当者が電話で交渉をしていて勢い大声でどなったり、イライラと煙草を吸ったりもみ消したりしていた。アシスタントも、けたたましい音を立ててインボイスをタイピングしたり、貨物の出荷手続きについて、関係者と電話で連絡していた。

事業投資型のビジネスでは、そもそも、取引の件数が少ないので、オフィスも静かだ。投資となると、一発一発が大きな額になるし、リスクも高いので時間をかけて交渉して実行する。一つの課で、年に数件投資するのがせいぜいだろう。投資条件など重要なことは、後で齟齬が出ないように電話ではなく電子メールでやりとりする。そして、エクセルで事業計画や投資利回りの計算をしたり、契約条項をチェックしたりしている。パソコンのキーボードを叩く音だけが響く、以前の職場を知っている人間からすると不気味なほどに静かなオフィスになる。

一般職の社員は、担当の子会社の決算を本社の連結決算に組み入れたり、会議の手配などの総務的仕事が中心になる。以前と違い、売買に伴う書類手続きがないので、業務量はぐんと少なくなった。

昔は、総合職の男性社員と、そのアシスタントをしている一般職の女性が結婚する社内結婚がしばしばあった。直接の担当でない、違う部署同士の社内結婚も多かった。いまは、そもそも一般職の女性が非常に少ないこともあり、そういう社内結婚の例はあまり聞かなくなった。それよりも、総合職同士の結婚のほうが多い印象がある。

昔は、なんだかんだと忙しくて時間がなく、いまのようにどこかで出会ったあとネットで簡単にフォローできるということもなかったから、接する機会の多い人とつながりやすかったのだろう。また、同じビジネスを担当している同志的共感もあったと思われる。いまでは、直接の担当者とアシスタントとなると、下手に食事などに誘って、セクハラと言われるのも面倒くさいと感じているのかもしれない。

体力のいるハードな仕事？

商社の仕事は、ハード、長時間労働、危険という印象がある。だからこそ、体育会系が採用されやすいと考えられていたりする。確かに昔は、そういう仕事もあったけれど、いまとなっては、ほとんど聞かない。では、いまだと、どれくらいハードなのか。イメージだけでも伝えてみたい。

1980年代には、こんな話もあった。化学品原料や食料の飼料などのビジネスでは、販売先の中小企業の社長さんに売り込むのが仕事となる。その社長との会食で、なみなみと濃いお酒を注がれて、「1杯飲み干せば1トン注文してやる」と言われた。そこで、目をつぶって、3杯飲み干してぶっ倒れた。いまはこんな話は、もう聞かなくなった。そういう男気のあるビジネスがなくなっているのは、少し寂しい気もするが。

1980年代では、接待の会食と二次会を済ませ、日付が変わる頃に会社に戻ってきて、海外拠点からのテレックスに返事をしてから、タクシーで深夜に家に帰るといった仕事の仕方も当たり前だった。

しかしいまでは、接待の会食は回数も減っているし、二次会もなくて最初の店でお開きとなる。それから、会社に戻ることもなく、自宅に帰る電車の中で、スマホを使って海外店などからのメールをチェックする。そして、急ぎの件があれば、いくつか返事をして寝る。会食がなければ、自宅に帰って寝る前にメールをチェックしてから寝る。そういう暮らしのほうが一般的だ。

実際の仕事でも、昔は、あちこちに出張して飛び回り、客先と直に会って回る機会をできるだけたくさんつくるのが大切だったので、実際に体力勝負の面もあった。

これに対し、いまではオフィスで、パソコンを使って事業計画や投資利回りを計算し、社内外への説明資料や契約書のチェックをしている時間が多く、体力がものをいう仕事は減っている。

確かに、年に１、２度起こる、事業の立ち上げ期や投資判断をする時期などは、数週間、短い睡眠時間で頑張る必要がある。ただこれも、「体力」というよりも、学生の試験前のようなもので、どれだけ知的生産性を落とさないで多くの書類作業ができるかという「頭脳体力」が問われている。

いまも、体育会系の学生の採用は一定数あるけれども、それは、「体力採用」というよりも、明るく前向きな人柄で辛抱強く努力してチームプレーができる「人間力」を買ってのことだ。そして、新卒採用者の中で、理数系、大学院卒、女性の比率は高まっていて、数十％になっている。これも体力よりも、頭脳体力を求めている証だろう。

長時間労働？

商社のハードな仕事ぶりが変わってきたことは、残業が減ったことにも表れる。労働基準局の厳しい指導や、世間の「ブラック企業」批判もあって、ずいぶん改善されている。

昔は、残業も多く、部署によっては一定時間を超えると申請しづらい雰囲気もあったようだ。２０００年代に入ってから、特に２０１０年前後から、労働基準局が商社業界を狙いうちにしたのか徹底的に調べて指導があった。社員各人の入退室の時間、ＰＣのログインの時間と残業時間の整合性までチェックした。もし、間違った申請や長時間の残業が続いていると、管理職はいろいろな書類を提出して、各方面に謝り、下手をすると人事上の罰点がついてしまう。いまでは、そんな苦労をした経験のある管理職は、ほとんど叱り飛ばすような厳しい口調で、「残業せずに早く帰れ」と、部下に言っている。ちょっと様変わりの感がある。

ところが、長い海外勤務の後に日本に帰任したばかりの管理職は、そうした残業管理が厳しくなっている日本の状況をよくわかっていないことがある。そういう人は、自分の若い頃の調子で、つい部下に残業になるような仕事を頼んでしまったりする。そして、数ヵ月もすると、社内の管理部門からその管理職はこっぴどく叱られてしまう。そんなことが例外的に起こる程度だ。

クリスマスイブの残業

話はそれてしまうが、残業というと、私には忘れられない思い出がある。

１９９５年の年末だったと思う。担当の仕事でクレームが発生して忙しくて残業が続いていた頃だ。20時頃に、ふと書類から顔をあげると、奥行きが１００メートルあるオープンなオフィスに、見渡す限り誰も残業していない。いつもなら、まだまだたくさんの人が仕事をしている頃なのに。「そうか、イブか」。思わず声を出してつぶやいてしまった。

そうすると、後ろの隣の課から、「小林、イブの日に残業かよ」と、先輩の声がする。「いやあ、すっかり忘れていました。しかし、見事に誰もいないですね。わが身が情けないですねえ。イブを気づきもしなくて、残業しているなんて」と、言い終わるやいなや、（あ、しまった、先輩も同じなのに、失礼なこと言っちゃった）と思ったが後の祭りだ。

「オレも、一緒だよ。こりゃ、働く気にならんな。一杯行くか」とおおらかな先輩がニコニコと返してくれた。二人とも、終わっていない仕事をほっぽりだして、「やめだ、やめだ」と自分に言い聞かせるように叫びながら会社を出た。

イブに居酒屋で酎ハイもなあと、２人で神楽坂に店のあてもなく向かった。バブルが崩壊したといっても、バブル期に定着したイブの日に本命とデートという習慣は続いており、こじゃれた店は、特別料金のメニューで、しかも満席だ。

何軒かあたって、こじゃれたというより、ほどよいごちゃごちゃ感のするビストロにようやく入ってデカンタのワインを頼む。庶民的なビストロらしく、分厚いグラスにワインを注ぎながら、周りをぐるりと見渡して「オレたちだけだぜ、男二人なのは」と、先輩。

私は、同じ部の同年代の名前をあげて、嘆く。「山田も、佐藤も、加藤も、いまごろいい人といいもん食ってるんだろうなあ」。何だか情けなくなってきた。

先輩も、目を落として、つまようじでチーズをつつきながらやや暗く言う。「誰なんだろうな、そのうちで一番幸せな奴は」

「やっぱり、僕たちじゃないでしょうか」と、私は明るく言った。それを先輩が、明るく受け止めたか、より暗いセリフとして受け止めたかはわからない。


商社の仕事は危険?

商社は危険な仕事か？　昔の商社に比べれば、海外の情報も多くなり、無茶もしなくなったので、ずいぶん安全になったと言えるだろう。また、他の業種もグローバル化が進んでいて、商社と同様の危険も負っているので、相対的にも危険度は下がってきている。平均より少し危険な面があるといったところだろうか。

まず、製造業や、第一次産業のように生産現場に立ち入ることは少ないので、労災にあたるような生産工程での事故にあうということは、滅多にない。その点では、製造業や第一次産業より安全といえる。

商社の仕事の危険性は、ほとんどが、事業を世界中に展開していることに起因する。駐在や出張で海外に滞在しているときに、テロ、内戦、強盗などの治安上の事件、交通インフラの未整備による事故にあう、その地域の病気などにかかるなどの危険性がある。

だが最近では、製造業もグローバルに進出して現地工場を持っていたりするので、同種の危険性はある。特に、資源や希少な農産品に関係する第一次産業やプラント建設の会社は、商社の人間が近づきにくい危険な地域にも駐在して頑張っておられる。数年前、アフリカでプラント建設に関わっておられた日本人がイスラム過激派の武装勢力に襲われ亡くなった悲しい事件があった。あそこまで危険な地域には、なかなか商社の人間は常駐しない。

海外で直面する危険については、商社は組織的に情報を集めていて、適切に対応するノウハウの集積もある。そのあたりは、他の業種でグローバルに進出している企業よりは、一日の長がある。

結局、どの業種の仕事であろうとも、担当の仕事次第で危険性は変わるというのが本当のところだろう。

一番怖いのはヒト

生産上の事故、インフラ未整備による事故、病気などと比べて、一番危険なのは、やはり、ゲリラ、盗賊、テロ、内戦などの、ヒトに起因するものだ。

私が入社した頃の上司が、1990年代のペルーに駐在していた。当時のペルーは、治安が非常に悪く、出張を予定したいという本社社員に対して、「いまは、危ないから、ペルーに出張してこないほうがいい」とペルーから連絡していたという。「出張者に来るなという所に住んでいるオレたちは、一体何なんだよ」と、帰国してから苦笑しながら言っておられた。そういう地域に駐在するのは、大変だと思うが、ずいぶん減ってきている。

1989年に中国で天安門事件が起こったとき、私の属している課の先輩が、メーカーの人と中国に出張していた。事件勃発直後は、まだ電話も通じて、出張者も「深圳《しんせん》の街は、平穏ですよ」と報告してきた。しかし、上司だけは、「すべての予定をキャンセルしてすぐに日本に戻ってこい。メーカーの本社にもそのように私から説得する。メーカーがそれでも残ると言うなら、お前だけ帰ってこい。商社が先に帰るのは気が引けるだろうが、オレのせいにしとけ」と厳命していた。果たして、出張者だけが帰ってきた後、中国内の政治状況が流動的になり、残ったメーカーの出張者はしばらく日本に戻れず、連絡もつきにくくなって心配した。そして、課員一同、その上司をちょっと尊敬した。

現場レベルで、そういうときに正しい判断ができるのは、上司の個性もさることながら、会社として長年海外でやっているからもあるだろう。

私は、海外の出張先でも、用件の隙間の時間を見つけて街歩きをするのが好きだ。そのときは、駐在している商社の人に、危険な場所、安全な場所を地図上で教えてもらってから、歩き回る。それが最新の正確な情報だからだ。

１９９０年代の治安の悪い頃のブラジルに行ったとき、駐在していた先輩は、もうひとつ貴重なアドバイスをくれた。

「できるだけ、貧乏そうなかっこうをしろ。貧乏人は、襲われにくい。お前は（と、頭から靴まで見て）、そのままでよろしい」

ＳＡＲＳ騒動体験

駐在している地域で、新しい病気が流行することがある。これも、海外の仕事の危険性の一つだろう。商社は世界中の多くの地域に駐在員をおいているので、ＳＡＲＳ（重症急性呼吸器症候群）やエボラ出血熱など世界のどこかで新しい病気が起こると、誰かしら社員が関係することになる。そういう意味で、会社全体としては関係することが多く、組織的に備えるべきリスクである。

しかし、社員個人としては、そういうことに遭遇する確率は、現代では非常に少ない。実際、商社の社員で、ＳＡＲＳなどの新しい病気で亡くなった例は、この数十年いないのではないだろうか。

私は、その少ない確率にあたりそうになったことがある。台湾に家族とともに駐在していたときに、ＳＡＲＳが発生してひやひやした。ただ結局、台湾がＳＡＲＳで騒然としていたのは半年ほどしかなく、その間、私は家族とともにずっと健康で台湾にいることができた。ＳＡＲＳは、２００2年に中国で発生、03年には台湾にも入ってきて３４６人が発症、37人の死者が出た。感染者が増えているときは、駐在員に帰国指示を出した日本企業も多かった。03年中にほぼ終結し、その後、世界中で再発生の報告は出ていない。

駐在時代に私が個人的に制作していたホームページ「台湾つれづれ」に、現在進行形で記録していたので、その抜粋で振り返ってみよう。すべて２００３年のことである。

3月：中国から台湾への帰国者の中にＳＡＲＳ第一発症例を発見。

このころ、イラク戦争中であるにもかかわらず、台湾の新聞の第一面は、ＳＡＲＳ一色だった。

4月上旬まで：台湾では、一旦収束しかかる。台湾は、発症例23人、死亡ゼロ。全世界で発症例2960人、死亡119人。

WHOは、台湾は、米、英とともに、「感染が抑えられている地域」と表記。

4月下旬：SARS患者を受け入れていた先進病院で院内感染が発生。政府は、同病院を封鎖。先進病院から病院外に漏れ出る。台湾ではじめての死者が出る。

5月上〜中旬：「病院での病気」から「街の病気」へ、感染者数も急増。台湾最大の売上を誇る太平洋SOGOデパートのレジ係からSARS患者が出る。WHO報告で、台湾は感染者238人、死者30人。全世界で、感染者7628人、死亡587人。

日本に旅行した台湾人医師がSARSに感染していたことを台湾政府が日本側に通報。陸軍化学部隊による7日間にわたる台北市大規模消毒作業開始。

5月中〜下旬：台湾在住の日本人社会も動揺、怖さがピークに達する。日本人が多く住む天母地区の大葉高島屋百貨店の店員が、SARS疑い例となる。台北日本人学校が1週間の休校を決定。日本企業の駐在員やその家族が、大量に日本に帰り始める。SARSによる死者が1日で12人出る。台湾は、感染者610人、死者81人。全世界で、感染者8240人、死者745人。

6月：収束に向かう。台湾人の間でも楽観論が広がる。新規感染者が3日連続ゼロ。

私も含め日本人駐在員の多くは、台北の中心からバスで30分くらいかかる日本人学校のある天母という郊外に住んでいた。東京駅からは吉祥寺か練馬、大阪駅からだと宝塚といったところだろうか。

SARSの患者は、最初、台北中心部で出た。それから4月下旬から5月上旬にかけて、3日おきくらいに、SARS患者が出る場所が少しずつ天母に近づいてくる。これは、いきなり天母に来るよりも心理的にはつらい。まるで、ヒッチコックの映画みたいだと思った。結局、日本人にSARS感染者は一人もでなかった。

ちなみに、このときに得た教訓としては、この手の感染症の場合、密室にこもるのはかえって危険で、屋外かそれに近い風通しのいいところにいるほうが安全だし、感染が広まらないということだ。私は、その教訓から、日本でもインフルエンザについて、スカイプによる遠隔診断とか、診療所の待合室の風通しをよくするとかを考えてほしいと思っている。

過酷な気候と事故

極端に暑かったり寒かったり、気象条件が過酷な地域への出張や駐在も危険ではある。シカゴ、ニューヨークなどの世界的都市も、北海道並みの寒さである。またシンガポールや中東の暑さも殺人的だ。

とはいえ、日本国内も、寒暖の差が激しく、そのうえ頻繁に地震がある住みにくい地域だと言える。特に、東京の真夏の暑さは、世界の主要都市でもシンガポールと並んで一番だろう。そのうえ、ぎゅうぎゅう詰めの通勤電車に乗ろうものなら、国際人権NGOのアムネスティ・インターナショナルに訴えたくなるレベルの過酷さだ。

このように、住みにくいとか不快という気象条件の地域は、いろいろあるけれども、いまどきの先進国では、空調も整っており危険というレベルにはならない。命の危険となると、気象条件が悪くて、かつ、インフラストラクチャー（社会基盤）が整っていない発展途上国だけだ。

その意味で、現代のグローバルに展開している日本の他の大手企業に比べて、特に商社だから危険という場面は、年々減少している。

私の経験では、一度出張中にひやりとしたことがある。それは、まだ改革開放の成果が地方に広がる前の1995年12月に中国のハルピンに出張したときのことだ。

そのとき、中国語が全く話せない私は、日本在住の中国人の通訳の人と一緒に、香港で大量に抱えた在庫商品を売り抜くべく必死で中国の各地を出張して回っていた。夜になってから瀋陽《しんよう》発の飛行機でハルピンに向かった。

飛行機は、12人乗りの小さい複葉機だった。私は、テキサスの田舎に9ヵ月ほど住んでいたときに乗ったダラスからの飛行機とどちらが小さいかな、などとのんきに思っていた。中国語で機内放送がされると、中国人の通訳の人が、ぎょっとして座席で一度飛び上がり、眉毛をへの字にしてこちらを向いて泣きそうな声で言った。

「中国国産の『運輸』だと誇らしげに言っています。余計に不安になります。大丈夫でしょうか」

「さあ、ソ連のライセンス生産ですかね。軍でさんざん使って実績はあるでしょうから大丈夫でしょう」などと私は答えた。後で調べても、ソ連からライセンスを受けて中国で大量に生産しており案の定実績は豊富だ。とはいえ、中古機が3万米ドル程度で流通していたというのを見ると、トヨタのプリウスと同じくらいの値段の飛行機に12人で乗って空を飛んでいた訳で、少しぞっとする。

12月のハルピンの夜は、マイナス20度。何でもすぐに凍る温度だ。翌日、ハルピンの街を歩いてびっくりしたのだが、屋台で、棒アイスを裸のまま三角の山に積んで売っている。なるほど、当たり前だが、アイスが溶ける心配はない。それにしても何も裸でアイスを売らなくてもいいのに。

空港の外を走るバスやタクシーを見ていると、道路は凍結しているのに、なんとタイヤにチェーンを巻いていない。よく見てみると、タイヤの空気を抜いてペシャンコにして走っている。接地面積を大きくすると滑らないのかもしれないが、それにしても恐ろしい。マイナス20度の場所で、車が事故にあって動けなくなったら、即、命がなくなるだろう。

我々は、空港からホテルに手配を頼んでいたリムジンに乗った。ソ連製ボルガで、まるで装甲車のように厚い鉄板で覆われた武骨な車だ。こういうときは、ペラペラに薄い鋼板の日本車よりもずいぶんと頼もしく見える。もちろん、タイヤは、チェーンを巻いていなくて、ペシャンコだ。

気分よく安全に運転してもらいたい一心で、「いい車ですね」などと、運転手さんに通訳の人から伝えてもらった。それがかえって悪かったのかもしれない。どんどんスピードをあげていく。森の中の外灯もない真っ暗な道をチェーンなしに、スピードをあげていく。よせばいいのに、対向合わせて二車線の道で、前の車を追い抜かしたりする。通訳の人と思わず目を見合わせる。

何台目かの追い抜きをかけたとき、ものの見事に乗っているリムジンがスピンした。凍結した路面を滑るので、ほとんど音もしないでなめらかに、スローモーションの世界にいるようにゆっくりと回る。2〜3回転した後、道路脇の大きな木に、ガンと音をたてて横腹をぶつけて止まった。

運転手は、「大丈夫か？」と私たちの座っている後ろを振り返る。「私たちは、大丈夫。車は？」と聞き返す。

マイナス20度の森の中で一晩過ごすと確実に死ぬなあ。確かライターをバッグに入れといたからそれを出すか。燃やすものが足りるかな、などと考えていた。

運転手が、そーっとキーをひねるとくるんくるんと2度ほど空回りしたが、3回目でブルルとエンジンがかかった。そしてバックすると道路に戻れた。通訳の人も満面の笑みでこちらを見る。死なないで済んだようだ。

これが、私が30年間商社に勤めた中で一番身の危険を感じた場面だ。このときでも、たとえ車が動かなくても、携帯電話を使って助けを呼び、バッグの中のライターを使って何かしらの方法で暖をとって数時間をしのげば、死ぬことはなかっただろう。だから、この程度といえばこの程度でしかない。さらに最近では、こんな危険な場面も減っているだろう。

第3章　課題先進企業としての総合商社

コア機能も変化させてきた

現代の社会は、工業・製造業重視の「近代社会」から、サービス化、情報化が進み、低成長の中で激しい変化と超競争をしていく「成熟社会」にますます進んでいる。

その社会の変化による困難を真っ先に被ったのが商社だ。

高度成長期に持っていた商社のコアな機能、すなわち、資源の輸入、工業製品の輸出、先進事業の導入という機能が、ことごとく、グローバルな社会変動で意味をなさなくなってきた。

それに対して、「事業投資型ビジネス」というモデルを取り入れ、従来の「売買仲介型ビジネス」と併存させることで、文字通り七転八倒しながら適応してきたのも商社だ。従来の機能の意味づけを完全には捨てきらずに、しかし大胆に変更して対応してきた。

このように商社は、自分たちが望むと望まないとにかかわらず、社会全体から見れば、課題先進企業であったし、これからもそうあり続けるだろう。

商社以外の企業でも、そうした社会の変化に適応するために事業投資型ビジネスを取り入れようとしている。そのときに、課題先進企業である商社が、どういう困難に直面して、どういう判断をして乗り越えてきたのか、その経緯を知ることは、大いに参考になるだろう。

「ものつくり」にこだわっていた日本のメーカーも、最近では、サービス的付加価値をつけて利益率をあげようとしたり、毎月のサービス料で収益化するビジネスを始めようとしている。こうした場合、サービス運営会社をつくる、あるいは、関係する企業を買収することが増えている。

また、商社に続いて、こうした課題に直面しようとしている例として、広告代理店があげられる。

広告代理店も従来の広告エージェントビジネスから、事業投資型ビジネスにどう拡大していくかを真剣に考えている。背景には、ネットメディアによる広告が急成長して、広告代理店の主軸であったテレビ広告のエージェント事業の地位が相対的に低下している状況がある。

テレビは、電波という社会的に有限の資源を使うためにメディアとしての量が、チャンネル数×24時間に限定されている。それでいて、消費者への影響力が大きいメディアである。その希少で強力なメディアであるテレビの広告枠を押さえ、エージェントとして大きな収益を得ていた。

これに対してネットは、理論的には、メディアとしての量は無際限に拡大できる。そこでは、メディアの枠を押さえてエージェント業をするだけでは、十分な収益を得られない。ネット広告を最適化する事業や、ネットのメディアそのものの事業運営をしなければならなくなっている。そこで、事業投資型ビジネスに向かって業態の変容を図っている。

このように、メーカーや広告代理店のような商社以外の企業が、環境の変化に対応するために、事業投資型ビジネスを取り入れたり、あるいは、従来の自分たちのモデルから脱皮しようとするとき、商社が、事業投資型ビジネスを取り入れた経験が役に立つだろう。

商社元来の貿易機能

商社は、明治期に登場して以来ずっと、海外との貿易を通じて日本経済の発展に寄与してきた。具体的には、日本経済が必要とする二つの機能、すなわち、資源の輸入と工業製品の輸出を、高度成長期に至るまで担ってきた。言い換えると、その機能を果たすことでお金儲けをしていた。

天然資源に恵まれない日本では、石炭、石油、鉄鉱石、食料などの資源を安定的に調達し続ける必要があり、その拡大するニーズに商社が応えていった。また一方で、繊維などの軽工業から始まり、重化学工業、電気製品に至るまで、工業製品の輸出を促進していったのも商社である。

日本は、商社が輸入した製造設備と資源を使って、工業製品をつくり、その工業製品を商社が輸出して海外で売った。工業製品の輸出で得た外貨で、また、資源と製造設備を買うという循環を繰り返し、日本経済が成長していった。

戦前には、「総合商社」という言葉もなかったが、戦後の経営学から見て総合商社の源流とされる三井物産は、明治末期では、綿花と機械の輸入と、綿糸・生糸・石炭の輸出が取扱いの中心だった（田中隆之『総合商社』祥伝社新書、２０１７年）。

戦後になり、高度成長期の商社は、さしずめ、日本株式会社の海外営業部長兼購買部長といえる存在だった。つまり、工業製品の輸出及び資源の輸入というモノの輸出入を日本経済の成長と歩調を合わせて拡大していった。

この時期は、電子メールもなく、国際電話は数時間話すだけで自動車が買えるほどの請求が来ることもあった。そのため商社は、テレックスなど単位通信量当たり安価で安全な通信網を各社が独自に整備した。また、各国の言語と文化に通じたスタッフを育成して、海外企業との交渉を行った。高度成長期には、砂糖の担当者が、フィリピンで相場が崩れたと現地駐在員からテレックスで報告を受け、その情報が広まる前に、高値で先売りして大儲けするようなことができた。

また、国際貿易独特の、ＬＣ（信用状）などの金融決済方法、契約条項に精通し、海外のパートナーから信用を得ることが必要だった。そして、日本人が誰もいないような経済規模の小さい国に駐在して、いろいろな会社の多様な商品を扱うことで、事務所の維持費を稼いで商売をしていた。

こんなことは、商社以外の日本企業が単独ではなかなかできることではなかった。そこに、商社の機能もあった。

従来の貿易機能喪失と業態の変容

日本経済が、1971年のドルショック以来、低成長（安定成長）の時代に入ると、そこに依って立つ商社の収益は、目に見えて低下し始める。商社の貿易機能は、高度成長が終わるに従い、徐々に価値を失っていき、業績の伸び率が低下する「商社冬の時代」になる。

背景には、費用と情報量の両面で通信手段が改善・発達し、航空機やコンテナなどの商品の輸送手段が進歩したことがある。そして何よりも、日本人の多くが英語を話し、海外に旅行した経験を持ち、欧米の生活様式に慣れてきたことがある。

1973年の石油ショック以降から、「商社冬の時代」と言われ、85年のプラザ合意以降の円高が最後のひと押しのように襲い、商社の従来のビジネスの崩壊につながった。

石油ショックによって、それまでのように欧米系の石油メジャーと交渉して買っていたのでは、石油が安定的に調達できなくなってきた。また、円高によって、日本の工業製品の輸出競争力がなくなり、単純な工業製品の輸出では、商社の利益が得られなくなってしまった。

つまり、世界と日本との経済構造が変わったことで、商社は従来の機能を喪失してしまった。そこで、商社は、自分たちの収益の取り方、すなわち業態自体を変化させて、なんとか生き残ろうとする。

例えば、直接産油国と交渉して、自ら資金を投入して資源の開発をする。メーカーがアジアに工場を建てて進出するのをサポートしたり、一緒に出資したりする。そうして売ったり買ったり運んだりという貿易から、自ら資金と人材を事業に投入して、その事業が得る収益を自らの収益とする方向に、利益のあげ方を変えていった。

こうして、低成長期の商社の機能は、資源の輸入と工業製品の輸出という従来の機能を包摂しながらも、「資源の輸入」から「資源の安定的調達」に、「工業製品の輸出」から「工業の海外進出支援」にと意味づけを変えていく。

資源の輸入　→　資源の安定的調達
工業製品の輸出　→　工業の海外進出支援
売買仲介型　⇒　事業投資型

こうした機能変化に対応して、収益を得る方法も、売買仲介型から事業投資型へと変容させていく。

このように、後付けで説明すると、商社は、環境の変化に対応し、大戦略を策定しなおして、長期的視点で輸入も輸出も一斉に業態を変化させたように見えるかもしれない。

しかし実際は、各現場が収益を得る方法を失い、追い込まれながら必死に試行錯誤した結果に過ぎない。それが、各事業分野で五月雨《さみだれ》的に数十年かけて行われたというのが実態に近い。

ここでは、資源調達と工業製品輸出といった機能が、それぞれどう変わっていったか、より詳しく見てみよう。

資源の調達機能

商社は、設立以来、資源のない日本に、資源を安定的に調達する役割を果たしてきた。その役割の重要性は、いまも変わらない。

しかし、世界の資源ビジネスの構造が変わっていくのに従い、商社の資源ビジネスのやり方を大きく変えなければならなくなった。ここでも、商社は、資源を単純に輸入する売買仲介型から、1970年代の石油ショックを経て、四苦八苦しながら海外で資源事業を立ち上げて事業投資型ビジネスへと移行していった。

これは今後も、市場や産業でグローバルのルールが変わるようなゲームチェンジが起こったときに、事業投資型ビジネスを取り入れて適応した例として見てみると、他分野でも参考になるだろう。

世界の石油市場では、第二次大戦後から1970年代までは、欧米系の石油メジャー（国際石油資本）が牛耳《ぎゅうじ》っていた。「セブンシスターズ」と言われた欧米系の7社は、世界の石油生産をほぼ独占的に行っていた。

当時の商社は、そういう世界の石油市場の構造を受けて、石油メジャーから石油を購入して日本に輸入するビジネスに終始している。

商社の石油トレーディングの担当者は、日々目まぐるしく変動する石油相場と為替相場、そして、大型タンカーの用船手配とそのコストなどを、瞬時に判断して国際的な石油の売買を巨額の単位で行っていた。いかにも商社マンらしい仕事として、高揚感を持てる、社内でもちょっと憧れの仕事でもあった。とはいえ、所詮、石油メジャーから出てきた石油を転売しているのにすぎず、石油メジャーの掌の上で踊っているともいえるビジネスだった。

しかし、1970年代に資源ナショナリズムが高まり、産油国が、2回の石油ショックを経て石油メジャーから市場支配力を奪うと、状況が一変する。

まず、石油ショックのときに、物価の上昇を見込んで食料などを買い占めている商社が批判された。そのいささか過剰な批判を受けながら、商社の社員も、石油ショックという大変なときにちゃんと資源を調達できず、自分たちの本来の役割を果たせないふがいなさを痛感する。

資源を安定的に調達するには、産油国と直接交渉して、石油を採油する権利から獲りに行かざるを得なくなる。それは、巨額のリスクを負うことを意味した。十分調査をしたうえで巨費を払って権利を得たのに、いくら試掘しても石油が出てこないこともある。また、生産、出荷するために大きな設備を建設しなければならない。その設備が、事故で稼働しないこともあった。

また、産油国と石油メジャーが激烈な争いをしている中に入り込んで、少ないけれども安定的な調達をする権利を獲ってくるのだから、それは大変な苦労であった。いわば、竜と虎が獲物の分け前についてバトルをしている間に子ネズミが割って入って、獲物の一部を獲って帰るようなことだからだ。

そういう竜虎の争いを避けながらも資源を安定的に調達する意味で、産油国も石油メジャーも燃やして捨てていたガスを資源として利用するＬＮＧ（液化天然ガス）の開発は、画期的だった。商社は、ＬＮＧから自ら主体的に大規模な資源開発に乗り出す。採掘・採取する権利を取得し、産出したガスを現地のプラントで冷却液化する。それを、冷却装置のついた専用のＬＮＧ船で日本に運び、日本の電力会社に売り渡す。そういう壮大なＬＮＧ開発プロジェクトは、１９６０年代から着手し、その後、石油ショックを経て加速していく。これが、資源分野での本格的な事業投資型の始まりといえるだろう。

このころの商社の石油ビジネスは、石油を輸入した後、国内において精油から始まり、中間生産物の流通の各段階に介在していく仕組みだった。しかし、日本全体で生産能力が過剰となり、国内流通では、なかなか成長できなくなってきた。

そこで、ＬＮＧのプロジェクトの成功を参考にしながら、石油や鉄鉱石などの他の資源についても、自ら資金を投下して、資源の権益を取得し、資源の供給体制を構築して事業を立ち上げるという、事業投資型のビジネスを商社は展開していった。この場合、事業の収益は、商社が出資している現地の資源開発拠点の事業会社の利益、つまり、その持ち分利益が主な収益となる。従来の資源の輸入貿易業務は、現地の資源開発会社の利益拡大のために機能する従たる役割になった。

こうした資源分野での事業投資型ビジネスが、２０００年代の資源価格の高騰により、一部の資源に強い商社に巨額の利益をもたらすことになる。

こう書くと、数千億円のリスクを覚悟して果敢に挑戦した、いかにもかっこうのいい話に聞こえる。就活生向けパンフレットの写真でも、海上リグ（油田の掘削装置）に立っている商社マンが写っていたりする。

しかし、実際には、これまで見たように、石油ショック後、商社冬の時代になり、追い込まれるようにその危ない世界に決死の覚悟で飛び込んだというものだろう。

個人的には、子どもの頃、友人たちと野山を探検していたときのような図を思い浮かべる。グループが高い崖の上に来て、「誰かこの崖を飛び降りて下を見て来いよ」という話になる。図体も大きく、腕力もある電力君、製鉄君が、並んで腕組みをしていつもパシリ（使い走り）をしている商社君を、じっと見つめる。商社君は、「や、や、やっぱりオレかな」と言って、何度も崖の下をのぞきこみ、怖くなって引き返しては、みんなからじっと見られる。それを繰り返した末、ここでやらなければ、この後役立たずとして付き合ってもらえないと思って、「南無三《なむさん》、えいっ」と崖の下に飛び込んだ。そうしたら、カードゲームのレアカードがたくさん落ちていた。商社の資源ビジネスの始まりはそんなところだったのではないかと思う。

会社としての決断のきっかけはなんであれ、資源部門では、その巨額のリスクを背負ったプロジェクトについて真剣に戦略を立て、現場では必死の思いでそのプロジェクトを完遂して成功させた人がいるのは、間違いない。現場のビジネスを体験した者としては、事業投資型ビジネスへの転換の意思決定をした人もすごいが、それ以上に、それを実行実現した現場のビジネスパーソンがすごいと感嘆してしまう。

資源調達は、ずっと商社の中心的機能

２０１４年から、国際的な資源価格が下落したことを受け、商社の資源ビジネスの収益が大きく低下した。これをもって、商社の資源ビジネスの終焉を告げる報告もよく出ている。

私は、２０００年代から15年頃のような資源バブルのような高収益は期待できないものの、資源調達は、今後も商社の中心的機能であり一つの収益の柱であり続けると思う。

それは、次のような前提が、この先数十年は変わらないと考えるからだ。

①日本に資源がない。日本がいまの経済規模を維持する限り巨額の資源を調達する必要がある
②資源の開発、安定的調達には巨額の資金が必要
③資源産出国、欧米資源系大手会社と、複雑な国際的契約をまとめなければならない
④日本の電力、鉄鋼などの大口需要先と日本風の安定的な関係をつくる必要がある

⑤石油、石炭、ガス、鉄鉱石といった基礎的な天然資源は、必要であり続け、また、なくなることもない

この前提が崩れない限り、日本向けに資源を調達するために、②、③、④の機能を発揮できるのは、5社ほどの総合商社しかない。

最後の基礎的な天然資源がなくならないという前提には、異論もあるかもしれない。20代の人は、学校の教科書で石油は枯渇すると教えられている。そこでは、資源の確認埋蔵量を年間消費量で割ると、何年頃にその資源がなくなるという計算がされている。

これは、我々50代以上の人にとっては、ピンとこない話だ。1970年代の石油ショックのときには、さんざん石油はもうじきなくなると言われ続けた。しかし、あれから半世紀近くたってもなくならないし、最近では、たくさん産出しすぎているという。

資源は、需要に対し供給が少なくなることが数十年に一度起こり、そのたびに資源がなくなるのではないかと議論される。しかしそのときは、値段が上がるので需要が減り年間消費量が減る。さらに、現在のシェールガスのように、高値なら採算に合うところが生産を始めて供給も増えてくる。結局、生産可能量を年間消費量で割ると、枯渇時期が逃げ水のように後ろにずれていく。

そういう実体験があるので、少なくともここ数十年は、基礎的な資源がなくなるというのは、想定しづらい。

この前提に立てば、資源価格が高騰してくると、資源の利権を買いにいき、資源価格が下がると撤退するという手法は、あまり成功しないだろう。むしろ、資源価格が高騰したときは、すでに持っている利権でキャッシュを稼ぎ、資源の利権に投資しない。資源価格が下がったときこそ、地道に優良案件に投資するというのが商社にとって大切なことになるだろう。

このように、商社は、事業投資型ビジネスを大胆に取り入れることにより、高度成長期の「資源の輸入」という機能を、ポジションを少しずらして「資源の調達」へと変えていった。重ねて言えば、「資源の調達」という機能の寿命が長いからこそ、投資の回収と収益化に時間がかかる事業投資型ビジネスを取り入れて成功したと見ることもできる。

とはいえ、この数年において、そういう努力を続けていても、従来の商社の機能だけでは、これまでのような収益を得られない可能性が出始めている。需要者側の電力会社、鉄鋼メーカーなどが、自ら資源の権益を取りに動いている。供給者側でも、米国やノルウェーのような先進国の産油国の場合、自ら資金調達して技術力を持って資源開発を行い、売り先の開発も直接できるようになってきているからだ。

現在の商社の投資手法が、将来あと何年通用するかはわからなくなってきているが、「資源の調達」という機能を、どの程度どういう形で商社が果たすことができるかを見ていくと、商社の寿命を見極める一助になるように感じられる。

工業製品の輸出機能

かつて「貿易立国」を標榜した頃の日本経済を支えたのは製造業、特に工業製品の輸出だ。製造業のグローバル対応（国際対応）は、自社製品の輸出の拡大を意味した。

その時代の商社は、製造業のグローバル展開を全力でサポートしていった。まず、輸出先の市場をよく調べ、最適の現地パートナーと組んで流通網を整備する。現地で信頼できる販売代理店とメンテナンスサポート体制をつくる。そして、日本人にはなじみのない海外の客先からちゃんと代金回収をする。現地駐在員と現地で採用したスタッフの力と、海外とのコミュニケーション力で、商社の機能を発揮していった。

こうしてある国で日本のメーカー製品を販売し始めるのは、手間もかかるし、成功しないリスクもある。しかし、日本製品の高い品質と円安による強い価格競争力により、多くの国への輸出販売に成功した。一旦、輸出が流れ出すと、商社にとってリスク管理しやすいこともあり、規模感のある収益を継続的にあげられるいいビジネスになっていった。

そして、一つの市場での成功を実績として、メーカーには別の国の市場でも販売しようともちかける。それは、すでに輸出が軌道に乗って、商社にとって高収益となったビジネスを維持するためでもある。メーカーとしては、次々と新市場という新しい獲物を運んでくれる限りは、商社に既存輸出先の口銭という餌を与えておくのは、悪くない話だった。

しかし、1985年のプラザ合意以後の円高は、日本の製造業の輸出に強烈な打撃を与え、それに伴い、商社の工業製品の輸出ビジネスにも壊滅的打撃を与える。

1985年に1ドル250円台だった円が、プラザ合意後1年で1ドル150円台にまで円高が進み、その後若干の上下をしつつも95年に79円台をつけた。

私は、プラザ合意の翌年に入社し、それから10年ほど断続的に電子部品の輸出ビジネスに関わった。円高が進む中でメーカーの担当者に会うたびに、顔色がどんどん変わっていくのに驚いたものである。

私の個人的な印象では、1990年の150円前後のときまでは、日本の製造業は、コストダウンをしてなんとか円高に対応できるようになっていた。しかし、90年から95年に79円まで円高が進んだときには、ほとんどの企業が対応できなかった。それでも120円くらいまでは、メーカーの人は眼光鋭く夜遅くまで検討して、あの手この手をくりだしてなんとか乗り切ろうとしていた。しかし、110円、100円とさらに円高が進むと、眼の光を失い、会っていても「どうにもなりませんわ。ははは」と呆《ほう》けたように力なく笑っているのが印象的だった。ほどなくして、退職の挨拶に来られた方もいる。

日本のメーカーの苦境は、即、彼らに依って立つ商社の工業製品の輸出担当の苦境を意味した。1985年のプラザ合意からの10年間、商社の工業製品の輸出ビジネスは、小さいものは半導体から、大きなものは化学プラントまで、壊滅的打撃を受けた。その後、現在に至るまで、商社の工業製品輸出ビジネスは、ほとんど復活していない。

これは、円高だけが理由ではなく、工業製品の輸出という、グローバル展開に対する商社の機能が、1990年代に価値を失っていたということを意味している。なぜなら、その後、2000年代になって100円前後に円が落ち着き、一部の超優良メーカーが円高に対応して復活したときでも、商社の工業製品の輸出ビジネスは、かつての輝きを取り戻せていないからだ。

工業製品の輸出ビジネスにおいて、商社が機能を喪失していった理由の一つは、商社が輸出先を拡大していった結果、有望なフロンティアがもはやなくなったことがある。メーカーにとって、新市場を商社が持ってこないのであれば、販路が安定してきた既存の輸出ビジネスにおいて、商社が取る口銭が割高に見える。

そもそも工業製品は、従来からの商社の伝統的な商材である穀物や石油と違って、商社の機能が発揮しづらい面がある。まず、日本が輸出する工業製品は、ますます技術的に高度化しているため、売り先と買い先が仕様や開発日程を直接打ち合わせることになり、それに大きく影響を受ける値段も直接話すことになってしまう。そうすると、間に入っている商社の存在がいかにも無駄に見えてくる。

もう一つは、特に電子部品などは、単価が高くかさ（容積）が小さいものが多いため、製品単価に比して運送費が安い。船ではなく航空機で運ぶことも多い。そうすると、穀物や資源ビジネスにおいて発揮している安価で効率的な国際運送を手配するという商社の得意技の一つがほとんど使えない。

工業製品の輸出は、一旦、市場国に安定的に流れ出すと商社にとっては、手間もあまりからずいいビジネスであった。しかし、だからこそ、メーカーからは、新市場を次々と持ってこない限り、現状維持では、商社の機能が発揮されていないと見なされる状況にあった。そこに、円高が襲い、従業員のクビまで切ってコストダウンに取り組んでいるメーカーから、商社にいままで通りの口銭を出せないと「商社外し」が始まったのである。

こうして商社は、工業製品の輸出ビジネスの収益を急速に縮小していった。つまり、日本の工業製品の輸出競争力が弱くなり、厳しいコストダウンの過程で商社の口銭も減ってくる。さらに通信手段も発達してくると、メーカーが自分で輸出して商社を外していった。

製造業のグローバル展開サポート

工業製品の単純な輸出をするビジネスが縮小していく中で、１９８０年代後半から商社は、日本の製造業に対して、輸出以外の別のグローバル対応のサポート機能を提案し始めた。

まず、輸出契約の売り先であった現地の販売会社に直接商社が出資した。現地資本や日本メーカーと、販売会社を合弁会社（ジョイントベンチャー）の形で設立した。製品の売り先である現地販売会社に出資して、上手に経営すれば、「商社外し」に遭わなくて済む。

さらに、最初から商社の資本主導で現地販売会社を立ち上げ、自分たちが人を出して、経営を始めた。現地で、販売員をたくさん雇って、消費者に対して売っていかなければならないので、よほど現地の文化、習慣、制度に通じていないとできない。制度、風習がわかりやすい欧米の先進国ならメーカーが自前でできても、アジア、アフリカ、中南米となると、長年現地で拠点を持ってビジネスをしてきた商社に一日の長があった。こうなると、商社にとっても、輸出仲介の損益よりも、その販売会社の損益のほうが大きくなってくる。こうして売買仲介型から地場に密着した事業投資型に移行していった。

また、商社が輸出を担当していたメーカーが、円高に対応するために商社を外し海外に工場を持って現地で生産すると言い出す。そうすると商社は、今度は日本の製造業に対して、海外工場の立ち上げのサポートを始めた。現地政府と交渉し、タイ、マレーシア、インドネシアなどに工場団地をつくり、日本企業を誘致する。誘致した日本企業の工場立ち上げを、現地の法制、資材の調達、人材募集などといった側面からサポートする。これも、単純な輸出をする時よりも現地の文化社会をよく理解していないとできない点で、商社の機能が発揮できた。

さらに、この動きが進み、メーカーの現地工場に出資し、人も出して、経営に関わり始める。１９９０年代から、アジアにある日本のメーカーの工場に商社マンが出向で駐在して、生産管理までやっている例が、あちこちで見られた。さらに進んで、商社の出資比率を上げ、実質的に商社主導によって現地でメーカーを経営するところまで進んでいく。

三菱商事が運営するタイのいすゞ自動車事業などは、その成功例だ。こうして、海外生産サポートの面からも、売買仲介型から事業投資型に移行していった。

円高で大打撃を受けたプラントの輸出ビジネスも大きくビジネスの方法を変えた。

円高になるまでは、情報力を駆使して、発展途上国から数十億円、数百億円の大型の発電プラント、化学プラントの注文を取り付け、メイン契約者としてプロジェクトをマネージし、完成すると引き渡して巨額の利益を上げた。

しかし、円高になると、海外の競合社に勝てなくなってしまう。そこで、発電プラントを輸出する事業から、発電プラントを稼働する発電事業そのものの運営に乗り出す。巨額の投資をして発電所を建設し、電気料金から得た収入で、初期の設備投資の費用を回収し、その後利益を生み出す。新興国のインフラ構築として、国際的にもルールや制度の整備が進んだこともあり、商社にとって、この発電事業は、一つの手堅い収益の柱になっている。こうして最も単価の高い工業製品であるプラントのビジネスも、売買仲介型から事業投資型に移行していった。

このように商社は、事業投資型ビジネスを取り入れることにより、円高、及びそれによる工業製品の輸出という従来機能の喪失に対応していった。

国内産業の育成機能

商社は、右にあげた貿易商社としての一面の他に、従来から国内産業の育成機能を持ってきた。具体的には、①国内流通での問屋機能②先進技術の導入・開発、の二つの機能を果たしてきた。

①国内流通での問屋機能

商社は、その源流である江戸時代の商家が担っていた、一次問屋として、国内流通の効率化の役割を果たしてきた。これは、物流においては、ハブ的拠点の役割を果たして、日本中に効率よく製品が届けられるようにする。また、金融面においては、中小の資金力の弱い会社が、流通過程の運転資金を手当てできるように、金融をサポートしていた。

具体的には、１９９０年代頃まで行われた手形決済や譲渡担保などが、商社の金融機能の発揮に役立った。

この国内流通での問屋機能も、物流面におけるヤマト運輸などの個別配送サービスの充実と、金融面におけるカネ余りによる資金需要の少なさから、意味が薄れていった。機能が薄れると利益率が下がり、本社で継続するのが難しくなる。

そこで、その環境変化に応じて、各商社は、国内問屋業務をそのために設立した子会社に移行していく。その多くの場合において、もはや、子会社のビジネスに本社が介入して、売上とわずかの口銭を取るというようなことをやらなくなった。ここでも、売買仲介型から、子会社の事業利益の自社持ち分を利益認識する方法に移行していった。

②先進技術の導入・開発

明治期から商社は、欧米の先進的な技術や製造設備を日本に導入して、事業の開発を進めた。最初は、こうした輸入的動きを通じて繊維、重化学工業などの発展に貢献していく。

そのうち、日本の産業が育ち自前の力がついてくると、日本で成功したメーカーの製品を海外に輸出しようとする。これは、メーカーのほうでも、初期投入資金を最小に抑えて輸出に挑戦できる点でメリットがあった。こうした輸出的動きを通じて、化学・機械などの産業の発展に貢献していく。

しかし、１９８０年代くらいから、米国のシリコンバレーでベンチャー企業による新規事業開発が興隆すると、商社は、新規事業の開発の手法としてベンチャー投資も取り入れ始めた。その場合、ベンチャー企業に投資しても、商社は、その製品の売買に介入せず、上場時のキャピタルゲイン（株式上場益）、または、持ち分で認識する利益を目指して投資することが主流になった。

こうなると、従来からの商社の機能である先進技術の導入開発での収益の方法が、貿易によるものから、事業投資に変わっていった。

先進ビジネスの導入と開発

商社は、設立以来、先進ビジネスの導入と開発を行う役割を担ってきた。戦前から、海外の先進的な技術と製造機械を日本に導入して、繊維産業や化学産業の成長に貢献してきた。近年では、先進的なネットワーク機器の導入をした伊藤忠のＣＴＣや、もう少しさかのぼればメインフレームコンピューターの導入をした三井物産の日本ユニシスなど、ＩＴ産業の先進技術の輸入も行ってきた。また新興の産業がある程度まで発展すると、その生産物を輸出することに貢献してきた。

日本経済は、バブル期の１９９０年頃まで、新規事業のインキュベーション（育成）システムとして、「社内開発＋銀行・商社活用システム」というのが成り立っていたと私は考えている。中小の既存企業が新しい商品を社内で開発し、その生産体制の確立の資金を銀行が用立てし、輸出などの販売の拡大を商社がサポートする。

高度成長期の日本の銀行は、できたばかりの小さな企業に対しても思い切った融資をしていたものだ。ホンダ、ソニー、リクルートなどは、その勇断を基礎に成長していった。

これに対し商社は、新しい商品を売るために、海外の潜在客先を回って売り込んだ。そして、その会社が成長すると、輸出に仲介して継続的な利益を得た。

しかし、1980年代くらいから、新規事業のインキュベーションシステムとして、米国で「シリコンバレーシステム」が興隆する。技術を持った者が大手企業を辞めて、小さい会社を始め、それをエンジェルと言われる個人投資家たちが、資金、人脈、経営面からサポートする。そして、創業者、従業員、エンジェルみなで上場の夢に向かって協力して邁進する。日本の仕組みと対比的に言うと、「社外開発＋ベンチャーキャピタル活用システム」である。

デジタル生産革命が進むと、このシリコンバレーシステムのほうが、効率的に新規事業を成功させることができた。そこで、一部の商社は、新規事業の開発の手法としてシリコンバレー的なベンチャー投資を取り入れ始めた。

その場合、ベンチャー企業に投資しても、商社は、その製品の売買に介入せず、上場時のキャピタルゲイン、または、持ち分で認識する利益を目指して投資することが主流になってくる。

こうして、従来からの商社の機能である先進技術の導入開発を行うために取る収益の方法が、貿易によるものから、事業投資に変わっていった。

「〇×ジャパン」の蹉跌

商社は、高級消費財の輸入元としての役割も果たしてきた。高度成長を終えた頃から、豊かになった日本の消費者向けに、商社は、欧米の高級消費財の提供を始める。ファッションや、ボウリング、スキーなどのスポーツ用品の高級ブランドの輸入である。

欧米の高級ブランド会社と交渉し、高額の契約料、最低購入金額のコミット、ブランドの普及、意図せざる安売りを防ぎ高級感を維持する国内流通の管理を行うビジネスは、資本力や海外交渉力、国内事業構築力のある商社以外ではなかなかできなかった。

そういう高級ブランドのビジネスでは、欧米のブランド元と合弁で、「〇×ジャパン」といったブランド名を冠した国内販売元の会社をつくって、日本市場での流通を管理した。商社が、100％出資することもあれば、ブランド元が一部出資することもあった。

特に、1980年代後半からのバブル時のDC（デザイナー&キャラクター）ブランドブームのときには、フランス、イタリアの高級ファッションブランドの輸入と国内販売により、商社の本社を支えるほどの利益を出した。また、欧米の高級ブランドにとっても、日本市場での依存度が世界でも上位になるほど、好調なビジネスであった。

そうして商社が、ブランドの認知度を上げ、デパートに入り込み、「〇×ジャパン」の売上も好調になってくると、今度は、欧米のブランド元が、日本の商社外しの動きに出てきた。「○×ジャパン」会社から、商社の資本を外し、ブランド元の100％子会社にしようとする。これが私の言うところの「○×ジャパン」の蹉跌《さてつ》だ。

商社としては、何年も苦労してせっかくここまで育ててあげてきたのに、とんびに油揚げをさらわれるような話だと、全力で抵抗した。しかし、ブランドビジネスにおいて、ブランドホルダーである供給元は、圧倒的に強い。気に食わないと、日本向けにだけ、売れそうもないラインナップの供給しかしないといったことまでしてきた。そうして結局、「○×ジャパン」の株をブランド元に泣く泣く手渡すことも頻発した。

そこで商社は、欧米のブランド元自体を買収し始める。巨額の投資をして、ブランドの知的財産権を買い取ったり、会社に一部出資したりして、元から押さえにいったのだ。そうなると、売買に仲介した売上よりも、買い取った欧米の会社の経営が良くなることに最大の関心を払うようになる。こうして、ファッションの領域でも事業投資型ビジネスが商社で広がっていった。

このようにファッションの分野で起こった、「○×ジャパン」の蹉跌と、それによる事業投資型ビジネスへの転換が、ＩＴ分野でも起こった。

１９９０年代から米国でヒットしたネット系サービスを、商社は日本に持ち込もうとした。そのときは、ファッションなどと同様、商社が一部出資して「○×ジャパン」を設立した。米国のベンチャー由来の若い企業なので、日本の法規制や商慣行もわからない。実質的には、商社の人間が何人も「○×ジャパン」社に出向して事業の立ち上げをほとんど行った。行政の規制との調整、スタッフの雇用、営業などやることはいくらでもあり、若いスタッフが、何人も出向して夜遅くまで働いて立ち上げた。

そして、その事業が軌道に乗り上手くいき始めると、米国の本社から商社外しが始まる。サービスの元を握っているだけに嫌がらせをしようと思えばいくらでもできる。結局、上手くビジネスが立ち上がった頃に一番おいしいところを持っていかれることも起こった。ＩＴ版「○×ジャパンの蹉跌」である。

その苦々しい経験を経て、最近では商社が、米国の本社側に出資したり買収したりするケースも出てきた。そして、日本だけでなく世界、特にアジアでの普及にも貢献するというシナリオを書くケースが増えている。

ここでもまた、売買仲介型から事業投資型への商社の脱皮が見られる。

事業投資型の新規事業開発

このように、商社は、明治以来持っていた貿易機能、新産業の育成機能を、形を変えて果たそうとしてきている。事業投資型という方法を使うことで、現代の環境に適合させてきたともいえる。こうした歴史の流れの中で位置づけると、商社の事業投資型ビジネスの理解に役立つ。そして、今後の変化の方向性を考えるヒントにもなる。

商社は、事業投資型の新規事業開発については、様々なトライをして、成功したり失敗したりしている。いまだ、成功確度の高いパターンを見出しきれていないというのが実情だろう。そこでここでは、私が関わったもので、商社が自分たちの機能を発揮しながら新しい事業を立ち上げ、収益を得た例を挙げておくので、参考にしてもらいたい（なお、内容は公表された情報とそれに基づくビジネス上の一般的な理論にのみ基づいている）。

まず、商社は人材系のX社と資本業務提携を結んだ。商社が未上場のX社の5％の株を取得、新規事業開発で両社が協力する業務提携に合意。ちなみに、X社が商社の株を持たないので、いわゆる株式持ち合いではない。

その後、いくつかの試行錯誤と協議を重ねたうえ、両社で業務提携による新規事業として、米国の人材派遣会社を共同で買収することにする。

X社は、日本での高い収益力を基盤に、もともと大規模な買収によって、グローバルなプレイヤーになる意欲があった。しかし、これまで、様々な分野で海外進出を試みたが、すべて成功していない。それでも、積極的な社風を反映して、担当部署は、「新聞の一面に出るような大規模な買収案件を行う」としていた。

商社のほうは、以前から、医療系分野への進出を試みており、中でも米国の医療人材系ビジネスの調査を進めていた。売上が大きくなくても、高収益率で景気に左右されない安定性に注目していた（ここらあたりが、以前の商社と発想が違う）。

商社の社内では、海外事業で成功例のないX社との共同買収で、買収後の統合（ＰＡＩ:Post Acquisition Integration）ができるのか心配され、最初から大きな金額を投入することに反対の声が出る。ここに、両社の大きな方針に齟齬《そご》が出てくる。

そこで、商社の担当事業部は、米国内の会社約１００社に直接会って調べ回った結果、米国の中規模の医療人材系の会社Yを共同で買収することをX社に提案し、次のように説得した。

「Y社買収のレッスンを踏まえて、その次の段階で、大きな買収をしてほしい。そのときは、声をかけてほしいが、我々としてそこまで大きな資金を投入できるかは、現時点では約束できない」

「商社は、Y社のＰＡＩに成功すれば、次にもう少し大きな医療人材系会社の買収を行う。そのときは、お声がけはするが、規模が小さくてご興味なければ、商社単独で行う」

「商社からは、米国育ちで米国の言葉も文化も、ビジネスもよくわかるとびきり優秀な人材を出向させ、必ず成功に導く」

担当事業部は、一方で商社の社内では、次のような説明を加えた。

「X社の経営課題は、上場である。しかし、日本の市場での圧倒的強さ故に、皮肉にも上場のための二つの課題が出ている。

一つは、成長性。日本で刈りとりつくしているのでこれ以上の成長性に疑問がある。

もう一つは、資金需要。収益力があり、キャッシュがふんだんにありすぎるため、上場して調達した資金を何に使うのか説明ができない。

そこで、今回の米国Y社の買収を、商社が全力でサポートすることで成功させ、次の大型買収の成功に導く。そうすると、グローバル展開による成長性と、大型買収による資金需要の説明がつき、上場シナリオが成り立つ。

また、商社としても、安定的で収益性の高いサービス事業を海外で自分たち主導で行うよい準備になる。ここで成功したら、次の大型医療人材系会社の買収も積極的に進める。

さらに、Y社買収のPAIが成功すれば、X社の上場が実現する可能性が高い。その場合、商社所有のX社株式によるキャピタルゲイン（株式上場益）が得られる」

こういう絵を描いて説明したときは、聞いている人たちは、「まあ、夢物語ですな」という顔をして、眉につばをつけていた。

結局、このときに出向した商社マンが、とびきり優秀で、Ｙ社社員とも仲良くなって全社一丸となってまとめ上げ、業績を急成長させＰＡＩに成功した。

その後は、まさに当初のプレゼンで使った資料の通りに事態は進んでいった。

Ｘ社は、単独で超大型買収を行い、その成功をシナリオとして上場した。

商社は、単独で医療人材系会社の買収を行い、これも軌道に乗せた。結局、商社は、Ｘ社の上場による大きなキャピタルゲインと、かねて狙っていた医療人材系ビジネスで安定して収益率の高い新規ビジネスの確立に成功した。

この案件は、商社の事業投資型ビジネスにおけるよい機能発揮をみてとれる。例えば、次の点などが際立っている。

○パートナー本社への一部出資、持分法適用のマイナー出資（20～50％）、１００％買収の投資など、機能と状況に応じて、様々な出資比率を上手く使い分ける投資手法
○現場に出ていって子会社の従業員と一緒に汗を流して（ハンズオン）、業績を上げる
○グローバル対応する力が、一般の事業会社よりも一段と深い

これは、成功例の一つに過ぎない。この例を参考にして同じパターンを狙いつつも、別の

方法にも挑戦し続けなければならない。これからの商社は、このような成功例のいろいろなパターンをたくさん重ねていって、事業投資型のビジネス手法の引き出しを増やしていかなければ生き残れないだろう。

そして、その失敗と成功を他の企業が見て、参考にすればいい。なんといってもそれこそが、課題先進企業としての商社の機能なのだから。

第4章　ビジネスとしての総合商社

商社と投資会社ファンドの違い

従来の売買仲介型ビジネスから事業投資型ビジネスに移行した現在の商社は、実際にはどういう事業の内容になっているかを、この章では述べてみたい。

商社と投資銀行、投資ファンドがどう違うのか？　経済評論家、他業種のビジネスパーソンから学生に至るまでよく聞かれる。聞かれるたびに、10年ほど前に、私が投資コンサルタントの友人に愚痴《ぐち》ったときの会話を思い出す。

「よくいろんな業種の社長さんが言うよね、自分の会社は、投資ファンドと違うので、『財テク』はしない。キャピタルゲイン（株式売却益）を狙った株式投資、純投資（金融投資）をしないって。当然、商社もよくそう言っている。

ただ、商社は、営業部としての金融ビジネス部門があるので、金融ビジネス部門は純投資だけ、他の営業部門は事業投資だけをしろという説明が社内でされることがある。これって、説明はきれいだけど、純投資と事業投資をなかなかそうきれいに分けられないので、商社の現場の実務は、難しい」

「えっ、商社がそんなこと言っているの。じゃ、何かい、商社の金融ビジネス部門とやらが、キャピタルゲイン狙いの純投資だけで勝負して、僕たち投資ファンド組に勝てると思っているの？　悪いけれど、スピード、ノウハウ、人脈のすべてにおいて、絶対負けないぜ。商社の営業部とやらがするという事業投資でも、その業界の専業会社と勝負したら、勝てないんじゃない。商社の鉄鋼部門が、高炉メーカーよりも上手に高炉会社を買収して運営できるとは思えない」

「なるほど、勝てそうもないねえ。僕らにとってうまみがあるのは、純投資とも事業投資ともいえる混じった投資だよね」

「そう、商社は、キメラでしょ。事業会社のようでもあり、投資会社でもあるようなキメラ的立場が存在意義。どちらかに染めてしまうと死んでしまう。お前が、この前やったR社との資本業務提携なんて、いい例だよ。R社の株は、有数の非上場の優良株。あのニュースを聞いたときは、商社は、いいポジションにいるよなあと、うらやましくてため息が出たよ。僕らでは絶対手に入らない株だ。あの株、4倍の値段で買ってやってもいいぜ。1週間でお金を集めてみせるよ。それくらい、いいディールだ。

あの話も、事業会社の事業投資のような近づき方をして買ったんだろ。でも、大きなキャピタルゲインを期待して投資している。事業投資と純投資の混じった投資。まあ、社内にも社外にもなかなか説明は難しいだろうけどね」

商社が、公然と純投資をやる、あるいは、やらないと宣言するのがいいのかどうかは、議論の余地があるだろう。しかし、行っている事業や投資に、事業投資的側面と、純投資的側面との両方があるのは確かだ。そして、その両方の側面を併せ持っている案件ほど、上手くいく確率が高く、１００％どちらかに純化してしまうと、あまり上手くいかないというのも、実感に合っている。

商社には、事業投資的側面があるのが、投資ファンドとの大きな違いだ。具体的には、投資ファンドは、投資した後は、経営のアドバイスや客先・人材の紹介はするものの、その会社に入り込んで現場で常勤の実務をすることはしない。

商社の場合は、ときによっては、何人もの本社社員が出資先に出向して現場で常勤する。プラザ合意後の円高以来、続々とできた東南アジアの日系メーカーの工場の現場では、生産管理までやっている商社マンがたくさんいた。販売会社に出資したならば、カタログとプライスリストをかばんにつめて客先への営業もする。しかも、出向するのは、働き盛りの期待されている中堅・若手である。その投資案件の交渉と社内許可をまとめた担当者本人が、自ら希望して出向することも多い。

また、ファンドの場合、実績評価の基準は、キャッシュフローであり、その意味で、投資した株を高値で売ることが仕事の目的となる。商社の場合は、前に述べたように、実績評価の基準は、連結決算の損益計算書上の当期利益なので、株を売却しなくても、投資した会社が利益を出し、本社側に持ち分利益が計上できれば、いい評価を得ることができる。

このように商社は、事業的側面を持っている点で、投資ファンドと違う。そして、金融投資的側面での意義や手法も心得ている点で、専業の事業会社と違っている。

商社＝カエル論

商社の投資において、事業投資と金融投資の両方の側面を併せ持つこのような関係は、商社が従来行っていた売買仲介型のビジネスと、最近増えてきた投資型のビジネスとの関係にも当てはまる。

商社は、売買仲介型のビジネスをやめた訳ではない。それも続けながら、投資型ビジネスを増やして、社内に共存させている。これから投資型ビジネスの比重が高まるだろうが、売買仲介型が全くなくなってしまうと、商社が死んでしまうように私には思える。

私は、商社はカエルなのだと考えている。両生類のカエルが水の中でも陸の上でも生きていけるように、商社は事業投資も金融投資も行うことができる。売買、仲介もできるし、投資もできる。

キメラというほど、得体のしれない恐ろしい怪物でもないし、別の個体の細胞が混じり合ったものでもない。カエルのように何代も子孫をつないで進化してきた同じ遺伝子を持った多数の細胞で、一つの個体が組織されている。そして、キメラほど珍しいものでもなく、好き嫌いもあるだろうが、もう少しかわいげがある、と思うがどうだろう。

カエルは、幼年期はオタマジャクシとして水中でしか生きていけない。それから、「変態」を行って、水中でも陸の上でも生きられるカエルとなる。商社も30年前は、売買仲介型で売上高競争をしてオタマジャクシのように生きていた。それから30年かけて変態をして、売買仲介型と事業投資型の両方で生きていけるカエルになった。

いや、正確にいうとカエルは、「水の中でも陸の上でも生きられる」のではなく、「水と陸の両方がないと生きられない」。水中に卵を産まなければならないし、えらではなく肺で呼吸しているからだ。商社もまた、事業投資と金融投資の両方がないと生きていけないと私は考える。売買仲介型と事業投資型の両方のビジネスで生きていく両生類なのだ。

ポストバブルの勝ち組

ここで、商社の収益力と、その収益構造を数字で見てみよう。

日本企業で、過去10年の平均純利益（税後利益）が１０００億円を超える企業は、２０１7年時点で30社ある（http://toyokeizai.net/articles/-/180039?page=2）。この「１０００億円クラブ」に商社は、三菱商事、三井物産、伊藤忠、住友商事、丸紅の5社が入っていて、同じ業種から入っている数としては、一番多い。同じく5社入っている業種は、トヨタなどの「輸送用機器」、日本電信電話などの「情報・通信業」である。ちなみに、16年と15年の統計でも5社が入っている業界は、商社だけだ。

業界トップ5社を合わせた利益の実績でいうと、この数年は、商社が日本の業種の中でナンバーワンだと言っていいだろう。とはいえ、そんな大それたことになっているのは、2000年代に、各商社がそろって利益を急成長させたからであって、昔からそうだった訳ではない。

「はじめに」にも書いたように、商社は、バブル以後の急成長業界であり、知られざる「ポストバブルの勝ち組」である。

商社5社の決算数字を合計・平均してみると（図4－1）、収益力の飛躍を明確にみてとることができる。2001年からの7年の短期間で純利益が赤字から2000億円台に伸びたのは、グローバルで見ても珍しい急成長である。

ここでは、1986年から5年ごとの5商社の1社当たり平均連結純利益を表にしてそれぞれの時代の利益レベルを説明してみたい（表4－1）。

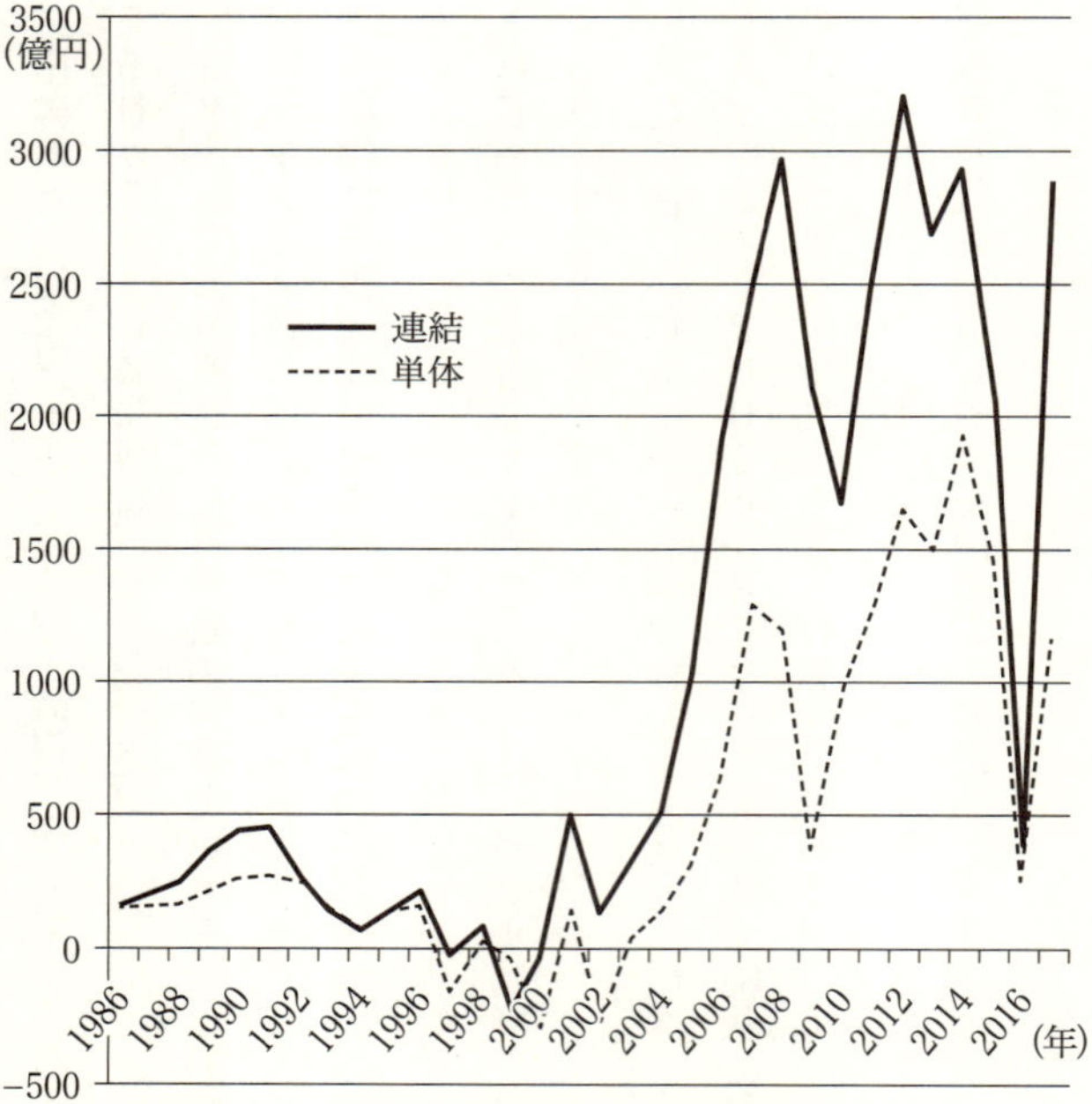

図4-1　総合商社（5社平均）純利益 連結・単体

単位：億円

	連結	単体
1986～1990	281	191
1991～1995	217	179
1996～2000	−3	−60
2001～2005	496	37
2006～2010	2223	896
2011～2015	2673	1563

＊会計基準の変更があっても、「当期利益（純利益）」の数字を集計した。

表4-1　5年ごとの5社平均連結・単体税後利益の変化

○1986～95年（バブル崩壊前）
おおむね200億～300億円ほど。バブルのピーク時（1991年）で400億円程度
○1996～2000年（バブル崩壊の損失処理期）
ゼロに近い赤字。特に、1999年、2000年と2年続けて赤字を記録している
○2001～05年（急成長期）
平均500億円だが、基本的に右肩あがり
○2006～10年
約2000億円に
○2011～14年
約2700億円。バブル前のほぼ10倍

つまり、商社は、バブル発生まで、1社の年間純利益は、数百億円のレベルだった。その後バブル崩壊のダメージを手ひどく受け、1996～2000年では、5社5年の純利益平均がほぼゼロに近い赤字となる。そのバブルの後処理の期間中、商社では、必死の業態変換を試みていた。その試みの多くは、再び損失を出したりしたが、その施策の一部が利益を生み始める。その結果、2001年以降、収益が急成長し始め、05年から1社当たり純利益1

000億円、07年からは2000億円を超え始める。

関連会社・子会社で稼ぐ

5商社平均の連結決算純利益の、1986〜2017年の30年間の推移を見ると、前述のように、2001年から07年にかけての飛躍が目立つ（図4－1、実線）。

これに対して、単体決算の利益（図4－1、点線）をグラフで見てみると、2000年頃までは、連結決算純利益とほとんど変わらないのに、01年以降、単体決算純利益は成長しているものの、連結決算純利益の急な伸びに追いついておらず、単体決算と連結決算との純利益の間に大きな乖離が起きているのがわかる。

表4－1で、5年ごとの数字で見てみると、2000年までは、単体と連結での純利益の差は100億円もないのにもかかわらず、2001〜05年で約400億円、06〜14年では1000億円を超えている。

結局、商社の2001年以降の連結純利益の飛躍的成長は、単体決算でカウントされず連結決算でのみカウントされる利益が飛躍的に伸びたからだとわかる。その規模はいまや1社平均で1000億円。それだけで、前述した「1000億円クラブ」に入る規模である。

このように商社では、関連会社・子会社がコストセンターではなく収益源となっている。

もはや、商社は、連結決算を見なければ実態をつかめない経営体制となっており、連結決算をしなければ成り立たない会社ともいえる。ここに商社の事業投資型ビジネスへの業態変化を如実にみてとることができる。

とはいえ、「持ち株会社化」とも言いきれない。本社には、数千人の社員がおり、単体決算の売上高も1社平均４・３兆円（２０１７年3月期）を計上しており、投資勘定だけをもっている管理部門を主体とするホールディングカンパニーとは、とてもいえない。この側面を見れば、商社が両生類であると理解できるだろう。

事業投資型ビジネスの業績評価

第1章で、30年前は、商社は売上高競争をしており、社外からの評価も、社内での評価も売上高が基準だった、そして現在は、売上高には目もくれず、みんな連結税後利益ばかりを見ていると説明した。

この商社の業績評価の基準の変化について、単体損益計算書と連結損益計算書の二つを並べてみてみよう（図４－２）。

１９８０年代半ば頃までは、左の一番上の単体売上高をみんな見ていた。そして、１９９0年代半ば頃からは、左下の単体の税後利益が基準になった。さらに、２０００年代に入る

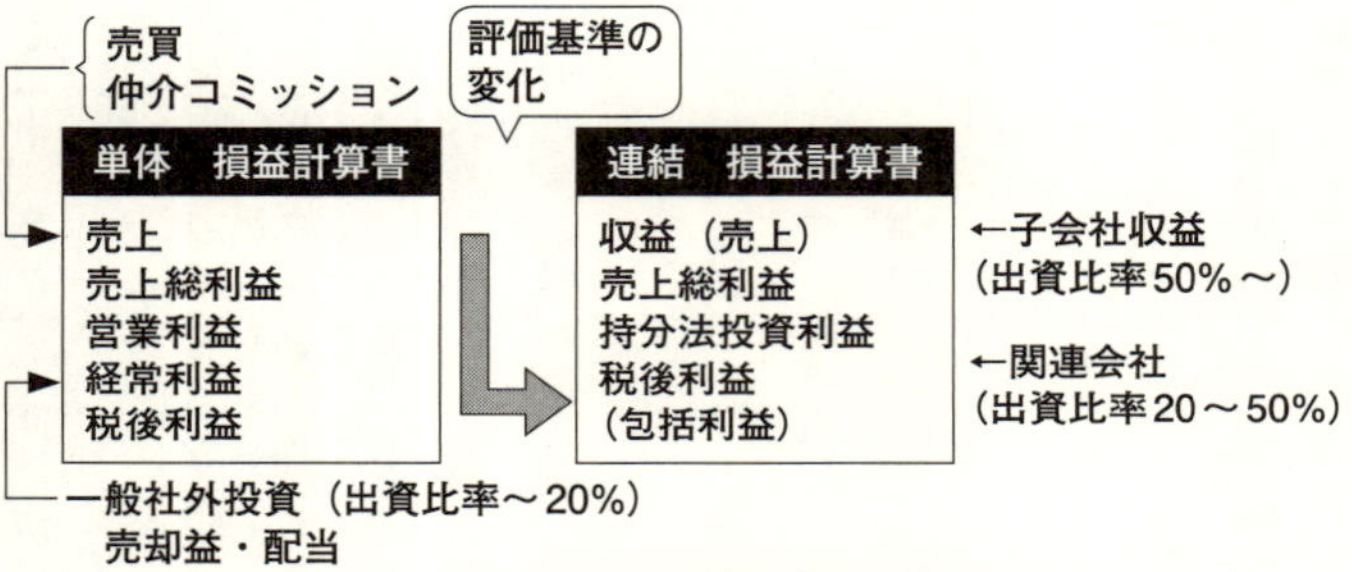

図4-2　商社の業態転換と評価基準の変化

単体売上高
↓
単体税後利益　→　連結税後利益

と、右下の連結税後を見るようになった。

こうして、L字のように商社の業績評価の基準が動いていった。それは、重視するものが、売上から利益へ、その後、単体決算から連結決算へと、若干時期をずらしながらも複合的に移行したことを示している。

こうした業績評価の基準の変化の背景には、商社が、売買仲介型から事業投資型に業態を変え、収益方法を多様化させたことがある。その中で、多様なビジネスを統一して見る指標として、売買仲介型ビジネスにおける売上高のような、収益化するプロセスの中間にあるよい指標がみあたらず、営利企業の最終目標を指標にするしかなかったともいえる。

連結決算税後利益へのつながり方

それでは、それぞれの業態の収益が、この図の損益計算書に、どのように反映されるか見てみよう。

貿易・物流（売買仲介型）　↓　単体売上、単体利益
投資先の株式売却益、配当　↓　単体経常利益
子会社（出資比率50％超）　↓　連結売上、連結利益
関連会社（出資比率20〜50％）　↓　連結持分法利益

連結決算では、出資比率に応じて次のような処理をする。

50％超　　完全連結　↓　売上、利益とも親会社の連結決算に加える
20〜50％　持分法適用　↓　売上は加えず、利益だけ加える
20％未満　一般社外扱い　↓　売上、利益とも加えない。株式売却益・配当があったときは、親会社単体の経常利益に取り込む

実際には、出資比率だけでなく、取締役を出しているかどうかなど影響力と重要性を加味して、出資先の各企業を、完全連結、持分法適用、一般社外扱いに分類して、連結決算に加

えていく。

持分法というのは、例えば、A商社が30%出資しているXという会社が、100の税後利益を出したとすると、A商社の連結利益に100×30%分の利益として認識するということだ。この場合、出資比率が50%以下で完全連結の会社ではないので、X社の売上高は、1円も、A商社の連結決算に足しこまれない。

連結税後利益が指標として特徴的なのは、50%以下の出資比率で完全には自分がコントロールしていない会社の利益を、出資比率分、自分たちの利益として認識することだ。しかも、それが配当とか株式売却益という形でキャッシュになってA商社に入ってきていなくても、利益として計算する。

いまの商社は、投資ファンドのようなものだと言われることがある。しかし、投資ファンドは、あくまで投資したキャッシュがどれだけ増えたかしか見ていない。だから、ほとんどの場合、投資ファンドは、出資した株を遠からぬ時期に売却するのが前提になっている。

しかし商社は、少数持分法利益を連結決算で取り込むので、ある意味で、株を売却しなくても利益として認識することができる。従って、必ずしも上場と売却を狙うものではなく、少数比率の株を長期間継続保有していることも多い。

実際に、投資の場面で、投資ファンドと協力したり対抗したりしてみると、両者の投資スタンスの微妙な違いが、提案に表れてくるので面白い。

だから、商社の人は、ビジネスの交渉の現場においても、株式投資というよりも事業投資をやっているという感覚を持っているのだ。

商品の多様性から収益方法の多様性へ

かつて商社のビジネスを表現するのに「ラーメンからミサイルまで」と言われた。いまは、「売上から関連会社の持ち分利益まで」と言うべき状況になっている（キャッチフレーズとしては、いささか長すぎて使えそうもないが）。

商社が「冬の時代」といわれる苦しい時期を乗り越えられたのは、稼ぐ商品が変わったというよりも、稼ぐ方法が変わったからというべきだろう。

最近の商社は、資源の利益で稼いでいると感じている人も多いだろうが、これとて、三菱、三井以外の商社では、資源の利益の依存度は大きくない。伊藤忠は、資源分野の依存度が低いけれども、２０１６年３月期には商社ナンバーワンの利益を出している。

損益計算書でいえば、勘定科目の一つである「売上」の中の商品別構成が変わったというよりも、損益計算書の勘定科目別の構成比が、売上から連結持分法利益にシフトしていった。

もう少し正確に言えば、売上の項目に入ってくる売買仲介型を消滅させることなく、それに追加して、事業投資型という稼ぎ方を増やしていった。ここで注意するべきは、富士フイルムはかつての稼ぎ頭だった銀塩フィルムへの収益依存度がほぼゼロになったのに対し、商社の売買仲介型ビジネスは、まだまだ無視できない規模の利益を出していることだ。現在の商社の収益方法は、売買仲介型による売上から事業投資型の連結持分法利益にまで多様に広がっている。

つまり商社の特徴は、ラーメンからミサイルまで広がる「商品の多様性」から、売上から持分法まで広がる「収益方法の多様性」に移行している。それは、強みでもあり、弱みでもあるだろう。

2社ほど別の業界で働いてから中途採用で商社に入ってきた人が、しみじみと話してくれた。「商社は、いろんな稼ぎ方があるから面白い。売り買いで稼いでもいいし、投資して稼いでもいい。子会社を自分でつくって、そこに出ていって稼いでもいい。こんな会社は、他にない」

キャッシュか利益か

商社の業績評価の基準が、株式市場やメディアなど社外からも、社内においても、数十年かけて、売上高↓単体税後利益↓連結税後利益と変化してきた。それでは、今後は、どう変化するだろうか。それは、連結税後利益を基準とすることの問題点の指摘に通じる。

現時点で議論になっているのは、連結税後利益よりもキャッシュフローのほうが大事ではないかという問題提起だ。

連結税後利益では、現金、すなわちキャッシュが入ってこない状況でも、利益として認識する。典型的には、連結持分法利益だ。子会社が配当をして現金を親会社に送金しなくても、子会社の利益の出資比率分を親会社は利益として認識する。他にも、保有株式の評価替えによる利益、あるいは、減損処理による損失などがある。これらは、実際に株式を売却して、キャッシュとしての損得を出した訳ではないのに、損益計算書上で利益や損失として認識する。

これは、財務上も重要な意味がある。企業が存続していくのに直接的に必要なのは、利益ではなくてキャッシュだ。いくら黒字の決算であっても、キャッシュがなくなれば倒産する。昔から、初歩的な企業会計や財務を勉強すると、最初に、損益計算書上では黒字でも、キャッシュがショートする「黒字倒産」があるから気をつけろと学ぶ。連結決算の場合は、「連結黒字倒産」の理論的可能性が出てくる。もともと財務上は、「連結税後利益」には、健全な指標と言い難い面がある。

倒産の可能性は実質上ゼロだとしても、株主にとって関心の高い配当の原資は、利益というよりもキャッシュだ。特に、近年の商社の株は、配当利回りの良さを株主にアピールして株価を支えようとしている。この観点からは、連結税後利益よりもキャッシュフローのほうが重要になる。

また、投資案件を専門に手掛ける投資ファンドは、自らの業績指標として、連結税後利益などよりもキャッシュフローで見る。商社においても、個別の投資案件の収益性を判定するときには、キャッシュベースの投資利回りを計算する。それにもかかわらず、投資案件での業績の評価は、キャッシュの動きとは違う動きをする連結税後利益となるのは、一貫性が取りにくい。何より、実務において複雑すぎてモチベーションを下げかねない。

実際、伊藤忠商事が2016年3月期で、CITIC・CPグループとの資本業務提携で巨額の持分法損益を出し、商社の連結税後利益1位になったとき、キャッシュの入らない持分法利益の巨大さから、重要なのは、連結税後利益かキャッシュフローかという議論を生んだ。

私の見るところ、現実には、株式市場も連結税後利益とキャッシュフローの両方を、おおむね半々のウェイトで見ているようだ。社内においても、結局は、両方の指標を見ていることが多い。

これから先、キャッシュのウェイトが重くなるのか、あるいは、連結税後利益もある程度重視されるのか、注目される。

内部の業績評価と仕事の実際

連結税後利益を業績評価の指標として、事業型ビジネスを追求する営業部では、日々具体的にどんな仕事をしているのだろうか。

結局のところ、次の三つだと言えるだろう。

①すでに投資した関係会社がたくさん利益を出せるように、支援する
関係会社に客先を紹介したり、会社の弱点を埋めるスタッフを投入したり、新しい企画を提案したりする。

②新しい優良な投資先を探す。新しい事業スキームを考える
営業部の担当が、投資先の発掘、投資条件の交渉、投資後の運営まで行うことになる。

③上手くいかなかった投資案件を最小の損失で撤退させる
事業型の新規事業は、成功確率も低く、リスクも高い。従って、事業型のビジネスが多い営業部では、赤字案件、撤退案件も複数抱えていることも多い。

他の事業会社の場合、投資までは、財務部や、投資専門部署が行い、その後の運営は、また別の部署ということが多い。しかし、商社では、案件を見つけてくるところから、利益を取り込むところまで、ずっと営業部の費用と責任で行っていく。従って、商社の営業の担当は、その案件が投資してから売却（イグジット）するまで自社の連結税後利益にいくらのインパクトを与えるのかを見ながら投資条件の全部を交渉する。そして、投資が完了した後も、引き続き立ち上げを行っていく。

こうして見てもわかるように、自分の担当商品の売上をあげるために、客先を回って価格と出荷時期の交渉をするなんてことは、ほとんどやらなくなってしまった。関係会社に新規売り先を紹介したときですら、自分で売上を計上しないことも多い。本社に売上が立たなくても、関係会社の利益が増えればいいと考えているからだ。

結局のところ、自分のいまやっている案件が、本社の連結税後利益にいくらのインパクトがあるか、常に考えながら仕事をすることになる。だから投資の打ち合わせのときは、交渉しているそれぞれの条件が金額的に連結税後でいくらの意味があるのか、わかっていないと交渉できない。

これはかなり面倒くさいといえば面倒くさい。先ほど説明した持ち分利益を取り込む関連会社の担当の場合、その関連会社への出資に伴う投資金利、持ち分損益、投資時に計上した償却資産の償却費、それらの税効果などを常に頭に入れていなければならない。これは、貿易・物流系の仕事をしている人が、自分の担当商品について、売値と買値の差額、輸送費、保険代、通関費などの案件の採算を把握しているのと同じことだ。とはいえ、様々な場合により計算方法も変わるので、ずいぶんと複雑な計算になる。

従って組織としても、営業部（40人くらい）単位で、連結税後利益を常に計算している。特に先にあげた単体売上高ゼロの事業型のビジネスを主に行っている営業部であれば、課の単位（10人くらい）で、連結税後利益まで把握しながら仕事を進めている。つまり、課の単位で、投資金利、税効果、連結取り込み益などを常に把握しながら営業活動をしている。これが、他の事業会社と大きく違うところだ。

稼いでいる人は一握り

かつて商社において、売買仲介型のビジネスが主流だったとき、違う部署の人と居酒屋に行くと、「オレは、食い扶持は稼げているんだけど、いまのままでは、もうひとつ利益が跳ねないんだよね」といった、自慢と愚痴が混じったようなセリフをよく聞かされたものだ。

若手も含めて営業部の社員は、２〜３人の自分のチームの人件費などの経費と、その人数に対してかけられる管理部門の間接経費を足した分を自分が粗利として稼げているかどうか、いつも気にしていた。とりあえず、その簡易営業利益が黒字なら、まあ、会社には迷惑をかけていないのかなと自分を納得させることができた。

しかし、事業投資型のビジネスでは、その基準で「食い扶持を稼げている」人なんて、ほんの一握りしかいない。

事業投資型ビジネスでは、成功案件は少ない人数の担当者で毎年大きな利益を生む。しかし、そうした成功案件の数は少ない。一般的に新規案件の成功率は50％以下だ。そうすると、たくさんの数の新規案件を試みないと会社が成長できない。だから会社としては、多くの新規案件を多くの人数をかけて試みることになる。長い期間大人数で準備しても投資条件が合わずスタートすらできないものも多い。また、以前に投資した案件が上手くいかず撤退する作業も少なからずある。そうすると、人数としては、「儲かっている事業」を担当しているのは2～3割程度となり、残りの7～8割の人は、「儲かっていない事業」の担当となる。だから、事業投資型が中心の営業部署では、「オレは、食い扶持を稼げている」といった類いのセリフを聞くことは、ほとんどない。ほとんどの人が、「稼げていない」からだ。

新入社員が、入社前と入社してから商社の仕事としてイメージが一番違うと感じるのが、この点のようだ。公表されている決算数字では、巨額の利益だ。しかし、自分の配属された部署では、儲かっていないと先輩も上司も必死になっている。隣の部署も同様だ。こんなに儲かっていないのかと、驚く新入社員も多い。そう、会社全体で儲かっている金額は多いが、儲かっている人の数は、多くない。部署別に見ても、成功した案件を持っている部署は大きな利益を出しているが、そうした案件がない部署は、ほとんど利益が出ていない。

別に、いまの商社の事業投資型ビジネスの担当者が、商売が下手だという訳ではない。これは、売買仲介型のビジネスに比べて、どうしてもハイリスク・ハイリターンになる、事業投資型のビジネスの宿命のようなものである。

とはいえ、このように収益事業が偏在していると、社員全員のモチベーションを維持するのは難しいものがある。

業績評価の難しさ

チームの目標は、シンプルであればあるほどよい。自分の努力がすぐに結果に反映するので、みんなが士気を高く持って一生懸命追求しやすいからだ。その意味で、売買ビジネスにおける売上高は、とてもいい目標である。

これに対して、いまの商社が、末端の組織まで設定している連結税後利益という目標は、なんとも複雑で士気を上げるのが難しい。自分のした努力がどういう経路でどれだけ目標数字を上げるのか、複雑な計算をしないとわからないからだ。

商社は、収益方法の多様性を追求した結果、業績評価の基準として連結税後利益という複雑な基準を取らざるを得なかった。しかし、これにより同時に、社員の士気を上げる難しさに直面している。

従って、商社のように多様な収益方法を追求しない会社では、商社のような連結税後利益を現場末端の組織の目標にするのはお勧めしない。事業形態によって許せる範囲で、損益計算書のできるだけ上のほう、つまり、売上、粗利、営業利益などを、内部評価の基準にしたいものである。

さらに、商社の業績評価の基準として、今期の連結税後利益だけでは、評価できないという課題も出てきた。というのは、事業投資型ビジネスの場合、収益化するのに5年から数十年の長期の時間が必要になるので、直近の1年の連結税後利益だけでは、その組織とメンバーのパフォーマンスを評価しきれない。

例えば、毎年利益を計上している優良投資事業案件があったとしよう。その案件に投資して事業を始めたメンバーは、3年から5年は、ビジネスパーソンとして素晴らしい能力を発揮し血のにじむような努力をして事業を立ち上げたに違いない。しかし、この時期の本社の担当部署の「連結税後利益」は赤字だ。そして、5年後に収益化される頃には、そのメンバーは、定期的な人事異動で他の部署に移っている。

一旦、事業が立ち上がって自立走行できるようになると、本社の側での業務負担はかなり軽減される。極端な場合、本社の担当は、帳簿を見ていてときおり社内報告をするだけになる。そしてこの時期の本社の担当部署の「連結税後利益」は、大きな黒字を計上している。

この場合、立ち上げに苦労したメンバーに、「連結税後利益」が赤字だからといってバッテンをつけるのは、さすがにまずいだろう。また、その後を引き継いだ人が、巨額の「連結税後利益」に見合う高い評価を求めるのも気が引ける。

こうして、横から見ていても、明らかに今期の利益だけで見て評価するのは、おかしいということになる。みんなが納得できる業績評価をしなければ、また士気が下がる。

そこで、今期の連結税後利益を補完する形で、期首に立てた目標金額をどれだけ達成したかの達成率で測ろうとする。しかし、これも低めの計画を出す動機が働き、実際のビジネスよりも、目標設定の握りに熱心になってしまう。結局、あまり公正な感じがしない。

さらに、利益の金額という定量ではなく、「投資を実行した」とか「子会社の赤字脱却、黒字化した」といった定性の目標を、評価に加えていくやりかたがある。しかし、これにも、お金を稼がずに「投資」としてお金を使っただけなのに、「成果」といえるのかという疑問があがる。隣の部署では、先輩のつくったビジネスとはいえ、数十億円の利益が出ていても平均点なのにと。

それにもまして、「投資」の実行をもって高評価を与えるのは、難しい。というのは、鳴り物入りで始めて、社長表彰されたりして誉めそやされた事業が、３年ほどたってみると失敗案件になっていることが、事業投資型ビジネスでは、よくあるからだ。

こうして、みんなが納得できて士気が上がる評価の基準の設定がますます難しくなる。結局、「いくら稼いだか」という定量よりも、「何を成し遂げたか」という定性的評価に重きをおく傾向になりがちだ。

しかし、これは、言葉の上では美しいけれども、実際には、客観性がなくなり周囲の納得性の少ない結果になりがちだ。結局は、評価に関わる上司や管理部門への説明の良し悪しや、受けの良さという社内対応の巧拙が「評価」に直結してしまう。サラリーマンの世界では、「定性評価」は、「ごますり評価」になりがちだ。

第5章　仕事としての総合商社

どんなときに仕事は楽しいのか

一般的に、どの仕事についていても、楽しいのは、次のようなときだ。

○自分が成長している実感を持てるとき
ビジネスパーソンとしてスキルが身についている。
人間的に成長した。
広く社会全般について知見を深められた。

○自分のした仕事が社会にいい影響を及ぼしたと感じるとき
社会が良い方向に動き始めた。
お客さんが喜んでくれている。

○個性や文化の違う人と上手く協力できたとき
個性の違うメンバーが協力して上手くいった。
業種や規模が違う企業が協力して、一つのビジネスを成功させた。

海外の市場、企業、スタッフに自分が受け入れられ協力して成功した。

○右にあげたことを自分以外の人から認められたとき

この機会は、他の業種に比べてとりわけ商社において多い。これは、次に述べる。

これらのことは、なかなかできない貴重な体験だ。とはいえ、社会人として仕事をしていれば、商社に限らずどの業界や会社にいても味わえることでもある。

商社の人事部の採用担当者には申し訳ないが、率直にいうと、商社以外で味わえない貴重な体験というのは、最近ではほとんどなくなってきた。いまどき、業種や規模を問わず、どの会社も、海外事業もしているし、規模の大きなビジネスも立ち上げている。

商社は、業種もビジネスモデルも幅広いので、いろんなビジネスの経験ができる可能性がある。しかし、商社でしか経験できないことは少ない。

だからこそ、むしろいろいろなことを味わえる可能性こそが、商社に勤める醍醐味といえる。

また、商社にいると、他の会社にいるよりも、味わえる可能性が高い楽しさもある。他の会社でも体験できるかもしれないが、商社にいるよりも体験できる回数が少ないだろうというような楽しさだ。そういう商社の仕事の楽しさを紹介したい。

商社で仕事が楽しいとき

先にあげた、それぞれの仕事の楽しさを商社で体験できるのはどういうときかを私の経験から説明してみたい。

○自分が成長している実感を持てるとき

じつは、私が商社を志望した動機の一番がこれだった。

一つは、「よきビジネスパーソン」というのは、「よき社会人」ではないか。そうであるなら、最も多様なビジネスの経験を得られそうな会社で働くのが、「よきビジネスパーソン」に成長しやすいのではないかと考えた。

もう一つは、生来の好奇心に基づいて、時代の変化や社会の仕組みを現場で実感したいと思っていた。学生時代から、現代日本は、近代社会から脱近代社会に移行するという人類史でも稀で貴重な時期だと考えていた。せっかく、その日本にこの時期に命を頂いたのだから、存分に社会とその変化をなめつくしたい。

そのときの気持ちは、いまも変わらないので、講演を行うときの最初の自己紹介には、次の一行だけを表示して始めている。

小林敬幸＝1962年に日本で生まれたサラリーマン

そして、商社に勤め、幸運にも多くの多様なビジネスと新規事業に携わることができ、社会の変化を最先端で味わうことができた。半導体、ソフトウェア、都市開発、ネット生命保険、人材ビジネスなどなど。社会人になったときに想像した以上に、泣いたり笑ったり、滑ったり転んだりと、文字通り、時代の変化と社会の現実をなめつくした。

私にとって、商社という就職先は、社会人になるときの動機を結果的にも十分満足させるものになった。

○自分のした仕事が社会にいい影響を及ぼしたと感じるとき

商社にいて、発展途上国での発電事業に関わった後何年かしてから、その国で庶民が当たり前のように電気を使っているのを見ると、とてもうれしいものだろう。

また、地下鉄や新交通システムを、商社が国際的な金融機関を上手くまとめて開発資金を手当てして導入した後、その国で目に見えて自動車の道路渋滞が緩和すると、喜びもひとしおだ。

私の場合は、やはり、お台場での「大観覧車」のビジネスを立ち上げたとき、観覧車のゴンドラから降りてくる4人家族の満面の笑みを見て、自分が世の中に幸せを供給していると実感でき、お腹の底からうれしさがこみあげてきた。

一般的に、産業向けビジネス（B to Bビジネス）よりも、消費者向けビジネス（B to Cビジネス）のほうが、社会一般への影響がよりわかりやすい。ところが商社は、産業向けビジネスのほうが主流である。

だから、年に何人か、業績好調の産業向けビジネスを担当していた優秀な若手の社員が、自ら希望して、消費者向けビジネスへと異動してくることがある。

とはいえ、現実には、世間でみんながやりたいと思うような仕事で成功するのは、さらに難しいことではある。

○個性や文化の違う人と上手く協力できたとき

文化の違う人と協力して上手くいくと楽しい。それは、学生時代に、学園祭やクラブ活動などで異なる性格の人間が協力することに成功して、突き抜けた幸福感を得たのと同じ種類のものだ。

商社は、異なる文化の人を上手くつなぎ合わせるのが仕事のようなものなので、こういう幸せ感を味わえる機会は多い。

文化の違う海外の人と心を一つにして協力してビジネスが上手くいくことがある。特に、日本にいては完全には理解できない海外の文化や社会について、海外のスタッフや取引先の意見を聞いてビジネスを方向付け、その商品が社会に受け入れられたときはうれしい。上手く連携できたという喜びとともに、その社会全体に対して、自分たちがよく理解して上手い協力ができたと実感できるからだ。

また、同じ日本人ビジネスパーソンでも製造業や農業生産者は、商社の人とは、事態の受け止め方や解決策の発想が全く違う。そういう他業態の人とお互いの長所を出し合って成功すると本当に楽しい。

現場では、担当者同士なんとしてもそのビジネスを上手く進めたいという気持ちで一致できる。ときには、それぞれの会社をどう上手く説得して、お金、人、技術などのリソースをどう引き出すか相談し始めると、ちょっとした共犯者の気分で結束力も強まる。そうして成功して、それぞれの会社に十分な利益を返せたら喜びもひとしおだ。

こういう喜びは、お腹にずしんとくる、人間として質の高い喜びだと感じることができる。いろいろやっていて思うのだが、異なる種類の能力の人が集まって、一つの同じ目的に向かって協力するのは、本当に楽しい。これは、ハリウッド映画のストーリーでも最も採用されている鉄板の喜びでもある。逆にいえば、巧拙のレベル差はあるが同じ種類の能力の人が集まって、ばらばらの目的で動いているときは、仕事は悲しくなるほど面白くない。

社内であっても、全く違う部門の人が思わぬところから助けてくれたりすると、ああ、この会社に勤めていてよかったと心から思う。私の印象では、4～5年に一度くらい、こういうれしいサプライズがある。

例えば、前述したように、台湾に駐在していたときにSARSの流行があった。感染が広がるにつれ、社会もパニックになりかかり、台湾店で働く台湾人のスタッフも怖がっていた。

そのとき、台湾店とはほとんど取引のない日本のグループ内流通子会社から、大量のマスクが台湾店に送られてきた。SARSが発生した台湾でマスクが不足していると、ニュースで聞いた社長が、本社に相談している時間も惜しいと、自分の判断で取扱商品のマスクを至急手配して無償で送ってくれたのだ。台湾人のスタッフは、感激して泣いて喜んでいる。そんな彼らの姿を見て、日本からの駐在員も、そういう社員がいる自分の会社が誇らしかった。

その後のお礼の仕方が台湾らしい。義理人情に厚い台湾人のスタッフは、私などは日本で見たこともない、ものすごくきれいな毛筆で縦書きの日本語の古い書式の礼状を郵便で送っていた。礼状を受け取った流通会社の社長もびっくりしたろうなあと思う。

商社ならではの仕事の楽しさ

前述のように、商社であろうとなかろうと、仕事の楽しさとは、自らの成長、社会への好影響、他者との協力が上手くできたときだ。

とはいえ、現実の社会では、自分では上手くやったと思うのだが、それがどれほどのものかというのは、いまひとつ実感が持てないことが多い。客観的な評価が出なければ、喜びも半減である。この喜びがしっかりしたものになるのは、上手くできたと思ったそれらの仕事が本当に上手くできているという、客観的な評価を得られたときになる。

例えば、自分の手掛けた商品が、飛ぶように売れた。自分のした仕事が、取引先、パートナー企業、業界の社外の人から認められた。新聞、テレビ、ネットで話題になった。会社内でも、昔の同僚が廊下ですれ違ったときに、あれはいいビジネスだねと言ってくれた。人事的にも高く評価してくれた。こういうこと自体を目標にするべきではないが、結果として、そういう反応が自分に返ってくると、達成感が確実なものになる。

その中でも、なんと言ってもその仕事で利益が出るというのは、ビジネスパーソンとして何よりの客観的な高い評価だと私は考えている。

これらの自分以外の人からの反応や評価があると、独りよがりに上手くいったと自分だけが思っている訳ではないと確認できる。

特に商社は、こういう客観的な評価と結果を確認できる機会が多いと思う。

商社の場合、先に説明したように、一つの案件に多人数が専任で担当することはあまりない。せいぜい4～5人だろう。メーカーや特定分野のサービス業の場合、一つの商品・サービスに多くの人間が関与している。商社では、専任で10人以上関係している案件というのは、一つの会社で10くらいだろう。そうすると、自分のパフォーマンスが一つの案件の成否に及ぼす影響度が大きい。

また商社は、一旦は一次的なリスクを引き受けているケースも多く、わがこととしてやっている感が強い。パートナー企業とのチーム関係においても、コンサルタントや資金融通をしている会社と比べても、自分でリスクを取って現場でやろうとしがちだ。

さらに、第4章で説明したように、案件の最初から最後まで、関係会社を含めた連結決算で収益を計算して自分の部署の利益として計算するので、案件全体の収益が明確にわかる。

メーカーの場合、研究開発部門の長年の研究の成果をもとに製造して商品化した場合など、自分の貢献度もなかなか自覚しにくいし、結果としての収益も、どこまでがその商品の本当の開発コストかというのもわかりにくい。
このように、自分でリスクを取ってやっていて、結果が比較的はっきりとわかるのが、商社の仕事のいいところだと考えられる。これはもちろん、失敗したときも明確に自分に返ってくることを意味する。当然そのときは、結構へこむ訳だが。

利益の意味

私は、ビジネスに関わる仕事では、自分が携わったビジネスがどれだけ利益を生んだかというのは、自分の仕事の客観的な評価の基準としていいと考えている。お客さんがそれだけお金を払うというのは、こちらが提供している商品・サービスに対して、お世辞ではなくて本音で価値を認めている証だからだ。大げさにいうと、社会全体からそれだけの価値を認められている。

一方で、給料の上がった下がった、出世するしないは、ビジネスの出来不出来の評価の基準としてあまりいいと思わない。まず、古い日本企業の場合、業績に連動してそれほど密接に給料やポジションが変動しない。また、そうした社内の評価を得るための最適行動と、ビジネスを上手にすることとは、微妙にずれている。端的に言えば、いいビジネスをつくるために社外のお客やパートナーにかける労力を、人事上の点数をつける社内の上司や人事部などに振り向けるほうが、社内の評価は上がりやすい。

これは、商社だけでなく、日本のどの企業、あるいは、世界のどの企業でもこういう傾向はある。それはそれで、組織維持のために必要なことだろう。その是非をここで問うものではない。

自分がビジネスをつくる腕前を自分で評価するときには、そのビジネスで生み出した利益を一つの指標としてみるのが、客観的でいいというだけである。

私は、正直に言って、学生時代は、そんなに利益が自分の能力を見るいい評価基準だとは思っていなかった。なんとなくお金儲けへの後ろめたさすら感じていた。

収益力を自分のビジネスの能力を測る一つの基準とするというと、「利益至上主義」はけしからんと言われることがある。しかし、ウソをついたり、お客への価値提供よりも利益を優先したところで、そんなビジネスは長期間継続的に大きな利益を出すことができない。場合によっては、詐欺罪で監獄行きだ。だから、最初からそんな方法は取らない。

もちろん、利益の額が大きければいいというものでもない。社会的意義の高いビジネスを立ち上げて、なんとか収支トントン、わずかに黒字に持っていったなら、それは素晴らしいことだ。収支が少しでも黒字なら、その事業を継続できる。利益の額ではなく、そういう社会的意義がある事業を持続可能にした件数を増やすことに、自分の楽しみをおいてもいい。

このように、利益を基準とするには、いくつか取り扱い上の注意点はある。しかし、ちゃんと扱えば、利益というのは、客観的で、かつ小さい数字から大きい数字までであって、自分の成長を測るいいものさしだと思う。社会人になって、いろいろな経験を積んで、周囲に起こっていることを見ると、一番、わかりやすくて客観的でいい指標ではないかと思うに至った。

商社の仕事は、そういう機会が比較的多いのが、楽しいところだと思う。

新規事業立ち上げはやめられない

商社に働いていて、これまで述べたような仕事の楽しさを一番よく感じるのが、新しいビジネスの立ち上げだ。そして、新しいビジネスの立ち上げを、自分の手元で実行する機会は、他の業態の会社より多い。

新しいビジネスを立ち上げるときは、まさに快感である。その気持ちよさは忘れられず、何度もやりたくなる中毒性の魅力がある。

中でも私の場合、自分が立ち上げたビジネスが黒字になり出した頃に一番幸福感を感じる。自分が操縦桿を握っている飛行機が、滑走路を走って走って、ふっと陸を離れて浮き上がる。その瞬間を自分が感じられるとき、たまらない快感がある。

もちろん、そのほかのタイミングでもそれぞれ異なる喜びがある。新規事業を実行する許可を会社から得たとき、パートナー企業と協力する契約ができたとき、最初の注文が来たとき、そして、ずっと後になるが、大きな売上や利益が出るようになったとき、それぞれとてもうれしいのは間違いない。

これは、新規事業の立ち上げが、先にあげた仕事の楽しさ——つまり、自分の成長、社会への好影響、他者との協力などが上手くいっていること——をすべてはっきりと実感できるからだ。

私の場合は、運よく、都市開発（「大観覧車」）、ネット生命保険、米国人材ビジネスなど、全く異なる分野で、その業界にとって全く新しい手法のビジネスの立ち上げに関わることができたので、大変楽しかった。

それは、自分の運と能力の最大値まで、自分の成長を実感でき、社会への好影響を出せ、他者との協力が上手くできたからだ。

中でも、これらの新規事業では、時代と社会に対する自分なりの洞察が、事業の成功によって正しいと証明されたように感じられたのが、とりわけうれしかった。

もちろん、メーカーや、特定領域のサービス業などでも、新商品・新サービスの開発をするのと同じような幸せな体験をすることができる。しかし、商社の場合は、ほぼ全員が常に新規事業を探している状態なので、関わる可能性は圧倒的に多いだろう。最近では、商社を辞めてベンチャーを起業する人も増えてきた。とてもよい傾向だと思う。商社の経験を活かして、社会全体の成長性を増してほしい。中には、上場、もしくはそれに匹敵するほど成功した人もいる。

例えば、「はやく言ってよ～」というテレビＣＭで有名な、クラウド名刺管理サービスのSansan株式会社を起業しここまで成長させたのは、三井物産出身の寺田親弘社長だ。寺田社長は大学卒業後、１９９９年に三井物産に入社し、システム開発などに従事して２００７年に退社しSansan株式会社を立ち上げた。私を含め三井物産卒業者及び、現役社員から尊敬、羨望されている。

ところが、その人と同年代の若い商社の社員が言っていたことがある。

「彼は、素晴らしいと思う。でも彼は、ずっとあのビジネスをやり続けないといけない。私に彼ほどの能力がないのはさておいて、私が彼なら飽きてしまうなあ。商社にいれば、いまの仕事が好きでも嫌いでも5年くらいで違うビジネスをまた始めることになるからいい」

これもまた、一つの事実だ。個人の好みで選べばよいと思う。

様々な新規事業に関わる機会があるのは、商社に限らず、大企業で新規事業をする醍醐味の一つだ。そして商社では、その醍醐味を感じる機会が多い。

クレーム対応は辛いよ

商社の仕事をしていて辛いと思うのは、どういうときだろうか。振り返って、一番思い出されるのが、クレーム対応である。

売買仲介ビジネスの場合、営業担当者の仕事の半分は、注文を取って契約を結ぶこと、そして、残りの半分はクレーム対応だ。

例えば、輸出ビジネスの場合、契約締結後次のような業務が日常的に行われる。物をメーカーから受け取る。輸出通関手続きをする。船か飛行機に貨物を載せる。海外の売り先に商品を納める。代金を貿易決済で入金する。国内で代金を支払う。これらの業務は、突発事故がない限りは、事務担当、物流担当部署、財務担当部署が、組織的に作業を進めてくれるので、営業担当者が作業や交渉をすることはほとんどない。進捗を見ているだけだ。

ところが、突発的事象が起こると、営業担当者が解決しなければならない。売り先に到着した貨物が壊れていた、メーカーからの出荷が遅れるけれど、客先には期日通り納めなければならない、通関書類の不備で通関作業が遅れている、などという問題が、よく起こる。

このように、商社が貨物をハンドリングしている範囲内での事故だけでなく、メーカーの生産が遅れているとか、販売代理店が決めていたテリトリー外に売っているのがわかったとか、売り先・買い先のどちらに問題が起こっても、まずは、間に立っている商社に、クレームがくる。

中でも、商品の品質クレームが起こると、大きな損失につながることがあるので大変だ。早く火を消さないと、損失が拡大する。しかし、原因をはっきりさせて、発生している損失を誰が負担するのか決めようとすると、誰だって何かと時間をかけようとする。状況によっては、間に立っている商社が、損失の負担をせざるを得ない場合もある。

何より、事実に基づいた迅速で合理的な解決策を実行するのが大切だ。また、当事者の心をなだめなければ解決策の合意が取れないし、その後のビジネスが継続、発展できなくなってしまう。そこで、クレームが起こったら、誰が悪いのかわからなくても、商社の担当が青い顔をしてすぐに駆け付けることになる。

1990年代のこと、立ち上げたばかりの台湾の半導体を輸入するビジネスで、日本の購入先からクレームがきた。半導体のピン（むかでの足のゲジゲジに見えるところ）に、不揃いのものが混じっているとのクレームだった。結局、台湾の技術者と私が、購入先企業の地方の工場に行って、納入したロットのうち、ゲジゲジが不揃いのものをはじく選別作業を行うことになった。

パートのおばちゃんに作業手順を教えてもらって1週間、一日中、工場のラインに入って作業をした。最初は要領を得なかったが、3日ほどやると、我ながら上達したと感じられ、少し楽しくなってもきた。そんなとき、お昼休みから早めに作業場に帰って来ると、先生のパートのおばちゃんが、私の作業したロットをもう一度、全量再検査していたのを見てしまった。先生も私の顔を見て、ばつの悪そうな顔をしながらもにっこりしてくれた。

ブエノスアイレスでクレーム対応

海外出張も、じつは、メールと電話では解決しきれないクレーム対応ということが多い。友人や家族から海外出張をうらやましいなんて言われても、本人は、怒った顔のお客のところに行くので、うれしくもない。ビジネスが順調であれば、出張の必要も少ない。

私の経験で一番大変だったクレーム対応は、アルゼンチンのブエノスアイレスで1ヵ月ほど対応したことだ。

1990年代に、あるメーカーの携帯電話をアルゼンチンに輸出するビジネスを担当した。商品も出荷し代金も払っていただいたので、ブラジル出張のついでにお礼の意味もこめアルゼンチンのお客のところに立ち寄った。するとお客が、こちらが輸出した携帯電話を机の上にポンとおいて、「つながらないんだ。残ってくれ」と言い出した。ビジネスの現場では「クレーム対応の人質」といわれるものだ。結局、1泊2日の予定で入ったブエノスアイレスに1ヵ月いることになった。

ビジネスがこんなことになり、ご迷惑をおかけしているので、自社の現地店にもできるだけお世話にならないように一人で生活していくしかない。とはいえ、短期の滞在の予定だったので、「旅のスペイン語」の案内すら持っていなかった。レストランでもメニューがわからないので、あてずっぽうに指をさして注文する。出てきたものを見て、「ほう、あの表記が牛肉か」と覚える。下着も数枚しか持っていないので、街で買い足した。

その後、泣くようにお願いしてメーカーの技術者に来ていただいた。２人でブエノスアイレスの街角に座り込んで、電話をかけて、「つながる」「つながらない」と着呼テストをする。不思議な東洋人が道に座り込んでごそごそと動いているので、街の人がのぞきこんできたりした。

どう問題が解決するのか、いつ帰れるのかが全くわからない、いやな仕事であった。そのメーカーは、その後、携帯電話事業から撤退している。

ただ、そのときに、技術者の人に一対一で無線技術についてあれこれ教えていただいたのが、後々大変役に立った。例えば、電波の技術は、基本的にはアナログ技術であると理解した。デジタル方式の携帯電話といっても、搬送波はアナログであって、アンテナなどの電波の受信強度を支えるのはアナログ技術の要素が強い。そして、アナログ技術のほうが、経験と勘に基づくことが多く、問題を解決するのが難しいことが骨身にしみてわかった。

その後、私自身が、無線ネットワークインフラのビジネスを評価するときでも、ビジネス系の人間が思うほどは上手くいかないぞと慎重になり、正しい判断ができたと思う。

とはいえ、辛いことばかりでは悔しい。なんとか「元を取ってやろう」と思い、土日に隣のチリまでアンデス山脈をバスで下って自費で旅行した。みんなに、どこまで行ってもしぶといなあお前はと、あきれられもしたが。

売れないときは全く売れない

商社の仕事が楽しいのは、新しいビジネスを立ち上げるときだと説明した。その裏腹に、商社の仕事で辛いのは、なかなか新規事業が立ち上げられないときだ。

ある分野を特定して、数人で新規事業を探しているが、なかなかいいものが見つからない。あるいは、ちょうど始めたばかりの新規事業を担当したけれども、業績が黒字化しそうにない。新しい部署に着任してから4年になるけれども、一件も新しい案件を成功させていない。こういう状態が続くと辛い。

特に、事業投資型ビジネスの部署で、新規事業を立ち上げられないと、いわば一銭の利益も出していない状態が続くので、なかなか自分の心の安定を維持するのが難しい。

売買仲介型ビジネスの場合、一方で定常的に流れて利益が出ているビジネスを担当しながら、新規案件を探すことになる。こちらのほうが時間的には忙しいが、心のバランスは保ちやすい。

売買仲介型のビジネスでの新規商品の販売のときでも、事業投資型で投資先の会社が新しいサービスや商品を販売するときでも、売れないときはものの見事に全く売れない。

学校などで様々なビジネスケースを勉強してきた人や、既存ビジネスを大きく拡大するのに成功した経験のある人が、しばしばこの新規事業の「全く売れない」状態に直面してうろたえることがある。

また、自分の提案の新規事業の説明をするときに、例えば、全市場規模の１％程度のシェアが獲れないはずはないというようなプレゼンをすることがある。これなども、新規事業の経験があまりないからだと思われる。

繰り返すが、モノというものは、売れないときは全く売れない。予想の10分の１以下ということもよくある。そのときは、経験を積んである程度覚悟していても、辛いのは同じだ。

私は、ビジネスというものは、運に左右される面が少なからずあると考えている。

ビジネスは、山登りよりも、波乗りに近い。山登りのように、頂上までの道順と、時間の目標をあらかじめたてて、それに従って実行していくというのは、特に新規ビジネスでは難しい。それよりも、波乗りのように、いい波が来るのを待っていて、タイミングを逃さず波に乗る。波が来なければ、仕方がないとあきらめる。

下手な新規ビジネスを無理やり作り出して、会社に損失を与えたり、自分も大変な苦労をするくらいならば、むしろ、何も立ち上げないほうがよほどいい。

そもそも、商社に定年までの40年勤めて、自分が中心メンバー5人の1人として立ち上げに成功した新規ビジネスの数は、多くて4つか5つくらいだろう。商社の全社員で平均すると2つ程度、一度もそういう経験をしなかったという人もたくさんいるだろう。

つまり、一人の人にとっては、8〜10年に1度、新規事業の成功をするのがせいぜいだ。ということは、1つの部署での所属期間がおおよそ5年とすれば、1つの部署で一度も新規事業の立ち上げに成功しなかったということは、よくあることなのだ。

私にも経験があるが、新規事業がなかなか立ち上げられない時期は、自信も失いかけるし、本当に辛い。しかし、そこで、精神のバランスを崩さずにいるのも、新規事業の立ち上げの技量の一つである。

「風林火山」でいう、「徐《しず》かなること林の如く、動かざること山の如し」というのは、ビジネスにおいても、大事なのだ。そう思って自分をなだめるしかない。

プロの仕事とは

学生が、内定をもらった後、商社の仕事を具体的に聞けば聞くほど入社を迷ったり、商社に入社した20代の人がなかなか職場になじめずに悩んでいたりする。それは商社の仕事を理解できないからではなく、お給料をもらうというプロの仕事を理解していないからかもしれない。自分が言うのもおこがましいが、学生から社会人になることへの愚痴に聞こえることもある。

プロが、アマチュアと違うのは、まず第一に結果責任が問われるということだ。結果責任というのは、誰も予想しなかった不運なできごとで結果が悪くても自分が責任を負うし、同じく単なる幸運で結果がよくなっても成果として認められるということだ。商社に限らずプロの世界は、結果責任が問われる。結果は悪かったけれども努力したから花丸ですというのは、学生やアマチュアの世界だけだ。

例えば、プロ野球の選手は、けがにもめげずまじめに努力していたとしても、打率が低ければ、起用されることはない。一本足打法だろうが振り子打法だろうが、打ち方は奇妙でもホームランとヒットをたくさん打つ選手が先発で起用される。

そして、その求められる結果は何かといえば、プロの仕事では、学生のように自分個人が持っている知識の量ではなく、結果として、チームの利益にどれだけつながることを実行できたかが問われる。

優秀な若手社員が、出張して、ある案件の状況を背景も含めた壮大なレポートにして書いてくれたことがある。しかし、その情報の7割は、これまで先輩が出張して報告済みのことで、読み手にとっての新しい情報は3割ほどだった。学生が教授に、自分がこれだけ勉強して知識を得たということをアピールするレポートならば、それで「優」を取れるだろう。しかし、チームでやるビジネスの仕事では、チーム員に既知の情報を7割の長い文章で読ませるのは、チームの作業効率をむしろ落としていると言わざるを得ない。チームにとって新しい情報のみを書き、その情報に基づいていま進めている作業をどう軌道修正したらよいのか、そうすればいくら利益が増えるのかを説明してほしい。それがプロの仕事だ。

もうひとつ、プロの仕事が、アマチュアの仕事と違うのは、期限の制約の厳しさだ。

台湾での半導体の製造プロセスの調整のため、日本のエンジニアに来てもらったことがある。なかなか製造歩留まりが安定せずに四苦八苦したけれども、サンプルロットを流して、その結果を見て議論をしていく過程は、参加していてとても楽しかった。工場の食堂で一緒に食事しながらその仲良くなったエンジニアに、「大変でしょうけれど、エンジニアの仕事も楽しいなと思えてきました」と、本心から申し上げた。するとそのエンジニアは、にやっと笑って、「そうですよ、とても楽しいものです。締め切りがなければね」と即答した。

商社の仕事では、この事業は3年以内に黒字化しないと撤退だとか、この子会社は、赤字が続いて手元資金を使ってしまったら追加支援せずたため、などと会社に言われることがある。子会社のキャッシュがなくなってきて、米びつの底をのぞくように仕事をするのは、本当に苦しいものだ。担当者の中には、食べたものを戻したり、小便の色が変わったりする者もいる。会社をつくって新しい事業をするのは、本来的には楽しい。それも、締め切りさえなければである。

大きな仕事と小さな仕事

商社の仕事は、国を相手にした大きな仕事だろうと思っている人も多い。実際、どの商社も、ホームページに誇らしげに数百億円、数千億円の大規模プロジェクトの説明をしたり、就職案内パンフレットで砂漠の中の大プラントを背景に若手社員が腕組みをして写っている写真などを載せている。

しかし、実際には、商社において、数百億円という巨額のプロジェクトだけではなく、単価数十円のものも含めて小さい額の売買仲介型のビジネスもかなりある。

そして、事業投資型の大きな仕事の担当となれば楽しくてラッキーで、売買仲介型の小さい仕事の担当になると退屈で面白くないという訳ではない。

商社の仕事に限らずプロの仕事一般に言えることだが、大きな仕事は、組織でするために、一人一人の裁量の余地は少ない。一方で、比較的小さな仕事は、若手の担当者一人の裁量の余地が大きくなる。

例えば、数百億円、数千億円のプロジェクトとなると、重要な判断は、社長や役員が何度も会議をして決めることになり、20代の担当者の日々の仕事は、その会議のための資料をエクセルとパワーポイントでつくるというのが実態だろう。また、案件数についても、そんな大きな案件を毎年何件も担当することはない。

一方で、売買仲介型であれば、20代の若手社員が一人でかなり自由に売り先と買い先と交渉して、数億円の契約を取りまとめるということもあり得る。そして、毎日のようにそういう交渉をして売買を行っていく。

そうであれば、大きな仕事と小さな仕事とどちらが、担当者にとって楽しいか、また、将来のためになるかは、一概に言えない。

私の経験では、交渉ごとというのは、知識や論理よりも、タイミングの取り方とか、非言語コミュニケーションといったスキルがものをいう。こういうスキルは、実際にお金のかかった場で交渉と売買を体験した数がものをいう。

例えて言えば、プロ野球選手を目指す野球少年がいたとする。この少年にとって、大リーグの球場でボールボーイをして大選手の野球を間近で見るのがよいか、田舎のバッティングセンターで毎日１００球打つのがよいのかという話だ。私は、実際にバットでボールを打った回数が多いほうが将来の成長に役立つと思う。それに、実際にバットでボールを打つほうが楽しい。

若いうちに、小さい仕事でも、自分の裁量をある程度持って何度も交渉して取引をした経験を積めば、年齢を重ねて、大きなビジネスをするときにも、役立つと思う。

参謀的仕事

30代の頃に、尊敬するフリーのシステム・エンジニアに、「『自分は、参謀タイプだと思うんです』と自分で言う奴は、いい加減な奴が多い」と言われて、はっとしたことがある。私も、その頃、「自分は、参謀タイプなのかなあ」と、思ったこともあったからだ。その後、仕事を通して、確かにこのシステム・エンジニアの言葉を何度も思い出すことになった。

いろいろな組織、会社には、「名参謀」と言われる人が時々いる。そういう人は、たいていの場合、会社からの指示で参謀役をやっているので、参謀役を好き好んでやっているのではない。一軍を率いれば立派に大将が務まる人が、組織員としての責任感で参謀をやっているからこそ、名参謀と言われるだけのいいパフォーマンスを示すことができるのだ。

自ら参謀タイプと言うような人は、参謀をさせてもどこか評論家的な無責任さがつきまとい、周りも指示に従わずついていかない。だから、いい結果も出ない。

そんな経験があるので、私は、若い人が「企画」とか「戦略」とかの名がつく部署に行くのは、あまり本人のためによくないと思っている。そういう部署に配属されたら、よくよく心して、現場の担当者に対して下手に下手に出て情報と気持ちを吸い上げるようにしないと、実効性のある企画や戦略も立てられないだろう。

それでは、参謀的仕事を社業として行うコンサルタント会社と商社とは、仕事としてどう違うのだろうか。

最近、学生から、就職先として、商社とコンサルティング会社で迷っているという相談を受けることがある。

コンサルティング会社と商社は、いろいろなビジネスを様々な角度から分析して、よりよい方法を考えて提案するというところは、同じだ。一方で、違いを一言でいうと、コンサルティング会社は、提案はできても実行ができない。ビジネスの結果責任を負わないし、負うことができない。これが商社を含めた一般的な現業ビジネスの会社とコンサルティング会社との違いだ。

コンサルティング会社もプロであるから、結果責任を負うが、彼らが負う責任は、質の高い最終報告書をちゃんと期日内に提出できるかどうかであって、ビジネスの結果ではない。ビジネスの結果責任を負えないとなると、コンサルタントが良心的であればあるほど、百パーセント振り切ったアドバイスをするのにためらいが生じる。「こうしたほうがいいですよ。でも、別の方向になる可能性にも気をつけてください」などと、いかにもコンサルタントとしてのリスク回避の留保条件がつく。

また、クライアントが、自分がアドバイスしたことを実行しなくて、自分が危惧した通りの危機に陥ったりすると、なんとも歯がゆい思いをする。現場に関わらない限り、ビジネスを自分でやっている手触りを感じることが難しい。

一方でコンサルタントは、現場作業をしない分、より経営者に近い目線で事業を大局的に見られるのは、楽しいことかもしれない。このあたり、より広い目線で抽象度の高いことをするのと、現場で手触りを感じながら具体的なことをするのは、あらゆる仕事で起こるトレードオフだろう。どちらも一緒にというのは難しい。

自分の性格にあった抽象度、具体度の仕事を選ぶのがいい。それは、すなわち、どちらを選ぶにしても、もう一方はあきらめるということになる。それが、学生からプロになるということでもある。

第6章　商人としての総合商社

商業は虚業か

「総合商社とは何か」がわからない。いまひとつ仕事の意味がわからないというのは、じつは、商業、商人というものがよくわかっていないからではないだろうか。

また、最近の若い世代は、社会的貢献の意識が高いため、「商社の社会的意味」が腑に落ちないという。商社は、付加価値をつけていないので、社会的な意義がないのではないかという訳だ。これも、「ビジネスの社会的意味」や「商業の社会的意味」がわかっていないからだと言える面もある。

この章では、ビジネスを構成する商業と製造業などが、どこが同じでどこが違うのか。そして、商社が主として属する商業は、どういう社会的意味があるのかを見ていきたい。

商人は、おそらく貨幣成立とほぼ同時期から始まった非常に古い職業のひとつではないだろうか。その商人が営む商業から、金融業や製造業などの様々なビジネスが生まれていった。

太古の昔から存在した商人が、基本的な機能を残したまま、現代に適応して組織化したものが商社だとも言える。いわば商社は、ビジネスの世界の生きた化石のようなものだ。

だから、商社を理解すれば、ビジネスを理解することに役立つだろうし、商人とは何かを理解すれば、商社を理解するのに役立つだろう。

商業は、一言でいうと、「安く買って、高く売る」仕事だ。安く買ったものを、加工などの価値を付け加えることなく、そのまま同じものを高く売って儲ける。総合商社は、業態が変わったといっても、安く買って高く売る対象が、「モノ」から「事業」そのものに移ったに過ぎないとも言える。やはり、商業の典型的な一形態だろう。

農業や工業なら、生産により物理的に商品の数を増やしているので、社会的な価値がよくわかる。しかし、商業は、商品の数を増やす訳ではないし、品質を上げる訳でもない。農業や製造業のような目で見てわかる付加価値をつけておらず、相場などの経済状況によって利益が大きく変動する。その意味で、真面目で堅実な実業とは言い難い浮草稼業に見える。

実際、ものつくり以外のどの仕事も虚業だと言われることがある。商社、銀行、証券会社、広告代理店、テレビ局、人材業、製造業の営業部署など広い意味での商業の仕事をしていて、自分を客観的・批判的に見ることができる視点を持てる人なら、一度ならず、自分の仕事は虚業ではないかと、考えたことがあるだろう。

しかし商業は、社会の中で重要な役割を果たしているからこそ、何千年と存在し続けている。その役割とは、社会に偏在するモノ、カネ、情報、人材という社会的資源を円滑に流通させ、最適な配分を実現することだ。流通業はモノの最適配分、金融業はカネの最適配分、メディア業は情報の最適配分、人材業はヒトの最適配分を実現するべく活動している。

モノをちゃんと流通させるというのが、どれだけすごいのかというのは、スーパーに行ってみるとよくわかる。スーパーでは、「青森産大根1本198円!」などと売っている。あの足ほども太い大根がたったの198円で買える。とうもろこしも、卵も、鶏肉も数百円でたくさんの種類から選んで買える。これは、農家の苦労ももちろんだが、流通に関わる企業がいい仕事をしているのだと感心する。

こうした円滑な流通を最も阻害するのは、異なる人間のグループ間の文化の違いだ。従って商人は、文化の違いを乗り越え解消しようとする。いわば、文化摩擦の解消係ともいえる。

商人は、直接的には、パイを大きくすることではなく、パイの配分に関わっている。ただ、今日のパイの配分を上手にすると、生産が上手くいくようになって、明日のパイが大きくなる。そうした間接的意味において、パイの拡大に貢献している。配分だけを見て、直接的な付加価値がないといっても、ばかにしたものではない。

長寿マウスを人工的につくることに成功したというニュースがあった。遺伝子操作で血管内皮細胞での炎症反応を起こりにくくしただけで、他の臓器を全くいじらず、生活習慣も変えていないのに寿命が3割延びたという(時事通信、2012年3月7日)。

一般的にねずみや人間のような多臓器動物の寿命を延ばすには、加齢とともに傷んでくるそれぞれの臓器を次々と回復させなければならず、非常に難しい。それなのに、臓器をいじらずに血管に少し手を加えるだけで手品のように寿命を3割も延ばしてしまった。

血液・血管というのは、筋肉のように外の世界に物理的力を発揮することもなく、かといって栄養の消化に役立つ訳でもない。ただ単純に体内の資源配分を行っているともいえる。しかし、その資源配分を上手に行えば、体のすべての臓器が長く健康に機能するという話だ。

この話は、人間の社会においても、資源を作り出すことも大事だが、資源の配分を上手にすることも大切だと教えてくれる。国や公共セクターが、各産業をそれぞれ力ずくで立ち上げるのは難しい。それよりも、ヒト、モノ、カネが上手く配分されるように、商業が健全に機能するようにしたほうが、社会が健全な状態を長期に維持しやすい。かつてのソ連の計画経済が失敗したのは、この資源配分についての重要性を体制の中に上手く組み込んでいなかったからだろう。

江戸商人に見る商業の意味

商人は、資源配分の最適化をどのように実現してきたのだろう。

江戸時代の大商人、紀伊国屋文左衛門は、紀伊（和歌山）の価値体系では10円しか価値を認められないみかんが、江戸の価値体系では100円であるのを見つけ出し、紀伊から江戸にみかんをしこたま船で運びこんで売って大儲けした。価値体系とは、ほぼ文化と同義だろうから、二つの異なる文化の違いを見つけ出し、そこに融通というかチャンネルをつくって商品を流すのが商人なのだ。

紀伊国屋文左衛門が大儲けするのを見て、他の商人も同じ商売に参入してくる。彼らは紀伊でみかんを20円で買って、それを江戸で80円で売る。こうして、紀伊と江戸のみかんの値段の差が縮まってくる。紀伊の文化と江戸の文化の違い、すなわち「価値の差異」が解消され、適正なところまで修正される。商人は、価値の差異を見つけて、交流させて、解消する。

ここで成功する商人は、紀伊においては、他の商人よりも高く買い、江戸においては、他の商人よりも安く売っている。この意味においては、商人は、「高く買って、安く売る」ことにより、資源の円滑な流通を進め、最適の配分を実現し、立派な社会的役割を果たしている。こうして商人は、前述したような「付加価値なしに安く買って高く売る浮草稼業」とは違った相貌を見せる。

そうして差異が解消して、ある程度まで紀伊と江戸のみかんの値段の差が縮まると、儲けが薄くなる。そうすると紀伊国屋文左衛門は、みかんの商売から手を引き、みかんの商売での利益を元手に塩鮭のビジネスでまた大儲けする。塩鮭が儲からなくなると、材木のビジネスでまた一儲けする。

儲からなくなったのは、役に立たない仕事だからではなく、十分に社会的な機能を果たした結果である。そして、みかんから塩鮭、塩鮭から材木と、商売のタネを次々と変えていくのは、しっかりした役割がないからではなく、そのように次々と新しい差異を見つけて、解消していくことこそが、商業の社会的役割だからだ。こうして、次々とチャレンジしていく仕事を、危なっかしいと見るか、ロマンがあると見るかは、その人の好みだろう。

現代のビジネス

現代の先進国の経済で大きな存在感を持つ、金融業、製造業も、商業と共通する側面を持っている。

ここまで見てきた流通に関係する商業が、地理的空間の違いによる価値の差異を解消するのに対し、金融業は、将来と現在の時間的違いによる価値の差異を解消するものだといえる。いまお金が必要な人にとっては、１年後の１００万円が、現在手に入るなら１０３万円の価値がある。それは、金利が３％だということだ。また、先進技術を駆使する製造業は、未来の技術と現在の技術の差異を解消するものだともいえる。

現代の先進的企業の代表であるアップルは、自社で量産工場を持たずに、台湾系のEMS（受託製造サービス）に委託して製造した商品を仕入れ、それを販売して利益を出している。製造業でありながら、製造工程を持たずに、R&D、設計、生産管理、販売だけして、まるでかつての商業資本に先祖返りしているように見えなくもない。

つまり、商業も金融業も製造業も、あらゆるビジネスは、価値体系間のなんらかの差異を見つけ、それを解消していくことで社会的役割を果たし、そのご褒美として利益を得ている。

そうして、見つけてきた差異を首尾よく解消してしまうと、儲からなくなるのだが、それは、自らが使命を果たしたということだと喜ぶべきことだろう。

現代のビジネスでは、低成長と不確実性と超競争により、優良ビジネスの寿命が10年ほどしかない。現代の優良企業は、長期間安定して競争優位を保っているのではなく、一時的な優位をくさりのようにつないで結果として長期的に高い業績を得ている。

その姿は、まるで、紀伊国屋文左衛門が、商売のタネを、みかんから塩鮭、塩鮭から材木へと移していった軌跡と同じように見える。

その意味で私は、「ビジネスパーソン＝ビジネスをつくり続ける人」であり、だからこそ、現代のビジネスパーソンには、創造性と時代性（時代認識）が必要だと思っている。

ここでは、商売のベースとなるコンセプトを寓話的に説明したので、ファンタジーの世界のように感じられたかもしれない。次では、泥臭い現実の商売はどういったものか見てみよう。

中国ビジネスに見る「商売」の原点

「商人」という言葉は、そもそも、古代中国の「商」の国の名前から由来しているという。つまり、中国の人＝商の人＝商人だった訳だ。この話を聞いて、なるほど中国の人は、生まれつきの「商人」なのだと腑に落ちるほど、中国人は商売が上手い。

１９９０年代、私は改革開放で経済成長のエンジンに火がつき始めた中国のビジネスを担当したことがある。いまの中国では、米国の大学を出た人が流暢な英語を使って洗練されたロジカルな交渉をすることも多い。しかし当時は、交渉中に机をバンバン叩いたり、突然訳のわからない理不尽な品質クレームをつけてきたり、急に締結済みの契約をキャンセルしたりということが多く、対応が大変だった。

政治の起源として、ホッブズは万人の万人に対する闘争という自然状態（『リヴァイアサン』）を想定したが、１９９０年代の中国のビジネスは、商売の起源とは、こういう自然状態だろうかと思わせるものがあった。

私は、中国であまりいい成果をあげることができなかったが、泥臭く滑った転んだと四苦八苦しながら、そこで「商売」の原点を学んだと感じている。得た教訓をいくつか、挙げてみよう。

○相手の文脈で理解する

相手がいま、どういう環境に置かれて、どういう気分でこちらに話しているのか、常に考えるのが大切だ。得てして人は、相手の状況などおかまいなしに、自分の都合で理屈をたてて、自分が正しいと「勝手読み」をして失敗する。相手の目には、自分の姿と自分の提案がどう見えるのか、注意を払わなければならない。

例えば、日本から電子機械を輸出しているとき、ときおり中国側が、ものすごい剣幕で品質クレームを理由に残りの契約をキャンセルすると言い出してくる。最初から仕様としてついていないと説明している機能なのに、その機能がないのがけしからんという理不尽な言い分だ。しかしじつは、その商品の売れ行きが急に落ちて、流通在庫が溜まってしまって、相手の会社が困ってしまっている。それを自分の販売予測が甘かったからと認めると費用負担をさせられるので、品質クレームを無理やりつくって声高に言っているのだ。こういうときは、誰が費用負担をするかという論争はじっくりやることにして、とにかく急いで日本側のいまの製造を止めないといけない。

相手が興奮して理不尽な批判をしてきた場合、理不尽な話だと無視したり、軽く扱ってはいけない。言葉として言っていることとは別の、深刻で対応すべき事象が相手の周囲で現実に起こっていることがあるからだ。相手が置かれている環境から、相手の文脈から行間を読むように、相手のイライラの真の理由をできるだけ早く探り当て、対応しなければならない。後にしみじみわかったのだが、恋人や夫婦間のコミュニケーションでもよくあることである。

値段交渉も、相手の文脈で理解したほうがいい。中国人に新しい商品を紹介して、値段を提示すると、必ず判で押したように「半値にしろ」という返事が返ってくる。

こちらも、「刀が武士の魂なら、商人の魂は値段の見積書」と心得て、類似商品の値段も調べ、コストも何度も計算しなおしたうえで、双方にとって最適の値段だと自信を持って提示している。

それなのに、いつも決まったように半値にしろと言ってくる。値段の交渉は、その半値からスタートするのだ。バカにしているのかと感じる。私もまだ30代、若気の至りも手伝って、カッとなって一度最初から倍の値段を提示してみた。そうすると、うんともすんとも言ってこない。「半値にしろ」とすら言ってこないのだ。

このときは、中国ビジネスの経験の長い先輩に、叱られるやら、笑われるやらで、たいそうばつが悪かった。その先輩によると、中国人の「半値にしろ」は、彼らの商習慣で「こんにちは、元気そうね」という意味の挨拶のようなもの。それに少しだけプラスの意味があって、「興味あり、交渉しましょう」ということなのだ。それにいちいちカッとしていては、中国ビジネスはできない。値段が高すぎて興味がなければ、今回のように、うんともすんとも連絡してこない。なるほど、それにしても、面倒くさい奴らやなと思ったものだ。

しかし、頭を冷やしてみれば、世界中の広い地域の長い歴史の中では、この交渉スタイルのほうが、一般的な商習慣だとも言える。値札のついている通り商品を買うなんて習慣は、ここ数十年の日米欧の限定された地域での特異な風習だろう。自分の社会の習慣に基づいて、「勝手読み」をしてもいい結果は出ない。

実際、当時の中国のビジネスパーソンの奇怪に見えた行動様式も、冷静に振り返ってみれば、彼らの置かれた状況の中で、考え抜いてとった合理的な行動だと理解できる。一言でいうと、「自分よりお金がなくて、自分より頭のいい人がとる合理的行動」だと見たほうが、こちらにとっても生産的であった。

ここでも、文化摩擦の解消係として商人を自覚することになった。

○契約書がすべてではない

商売では、注文を取り、契約を結ぶときに、営業力を駆使して、相手側にメリットがあることを納得してもらう。しかし、それだけでは不十分で、契約を履行し代金を払うときにもメリットを感じてもらえるようにしなければならない。

教科書的に言えば、まず契約交渉の前に、相手先が代金を払い契約をちゃんと履行するかどうかの信用力をチェックする。そこが問題ないとなれば、全力で契約交渉を行い、先方のメリットを強く訴え、かつ、こちらの交渉力を駆使して、権利・義務をすべて織り込んで契約を締結する。後は、こちらと相手側の義務を契約書通り履行する。

特に商社で多い海外企業との契約、投資案件の契約では、契約書はきわめて重要だ。若いうちに、契約書、注文書の重要性をたたきこまれる。

しかし、これは、日米欧の一流企業とのビジネスだけに当てはまる手法だ。契約がすべてで「コントラクト　イズ　コントラクト」が通じるのは、ごく一部のビジネスだけなのだ。現実には、相手の契約の履行を担保するのは、相手の会社の信用度というよりも、一旦結んだ契約を履行することが相手にとってメリットがあるかどうかにかかっていることが多い。

1990年前後に、日本製の半導体メモリーを台湾の会社に売っていた。順調にリピートオーダーもあり、売上を伸ばしていたある日、急に先方の台湾の会社から契約した商品の引き取り拒否の連絡があった。例によって、品質クレームを理由としていたが、実際は、半導体の価格が急落したために、数ヵ月前の契約時の値段では、買いたくないということのようだった。出張して、契約は守ろうよと交渉するけれども、らちが明かない。最後には、こう言われた。

「いまここで、私が台湾の会社に電話一本すれば、同じ商品を2割安い値段で、2時間後に受け取ることができる。それなのに、あなたから高くて、遅く出荷される商品を買うというのは、無理だ」

つまり、契約を締結するときだけでなく、契約履行時にも相手にメリットが感じられるようにしておくことが、契約の履行を確実にする。そうでないと、いろいろと嫌がらせをしたり、サボタージュをしてなかなか契約を履行してくれない。

これは、一流の民間企業以外の相手先と取引をするときに、言い換えると、世の中のほとんどの商売で常に痛感することである。

例えば、新興国の小さい会社にモノを売る場合でも、ユーザーに人気のある商品であれば、代金の回収は、比較的確実だ。相手の会社にとっては、代金を払えば次の商品を買うことができるし、払わないと次の商品を買うことができない。ならば、いま、代金を払うことにメリットがあるからだ。一方、生産停止などで継続した取引が終わるときは、用心したほうがいい。次の商品を買う必要がないので、最後の出荷分の代金を支払ってこないことがままあるからだ。

また、資源の開発プロジェクトで、数千億円と10年以上の期間をかけて油田をやっと開発して、いざ生産・出荷できそうになると、現地国政府が環境への配慮を理由に、その油田開発会社の株を買い取ってしまったりする。これも、いざ出荷のときに、その国のメリットがあまりに少なく感じられたから起こったことともいえる。

そして、いま、最も先進的ともいえる電子商取引（ＥＣ）のビジネスは、まさに、この契約締結時と履行時にメリットがあるようにしなければいけない典型例である。というのは、返品特約制度があるために、消費者が注文したときだけでなく、受け取った時にも、商品に魅力を感じていないと返品されてしまうからだ。受注して発送したものを返品されると、いくら輸送費を消費者に負担してもらっても赤字になる。従って、この返品特約による返品率をいかに下げるかが、ＥＣビジネスの成功の鍵になる。

だから、商品であるデニムのパンツを写真で撮るときに、わざとまっ直ぐにせず、くしゃっとさせておいたりする。足長に見えるパンツだと思って注文したけれど、受け取ってみると期待ほどではなかったと返品されるのを避けるためだ。つまり、返品率を下げるために、売り込むときの期待値が過大にならないようにしている。これなど、他のビジネスでも参考になる考え方である。

商売一般に言えることだが、お客が、買う前にワクワクして、買ったときにやったーと喜び、買った後にもじわじわと幸福感が味わえる、そういう商売がいい商売である。そうであれば、お客も理不尽なことをしてこない。

○商人のバーゲニングパワーの源泉

商人の交渉力の源泉、つまり、一番強いカードは何かというのも、当時の中国でのビジネスで学んだ。制度が未成熟でルールが安定的に運用されていない社会では、極端な値引き交渉、契約キャンセル、商品代金の支払い遅延など、いろんなことが起こる。そのときには、結局、バーゲニングパワー（交渉力・対抗力）をより強く持っているのが一番安全ということになる。

一言でいうと、バーゲニングパワーは、

1番　希少で人気の高いモノを持つ人

2番　お金を持つ人

3番　ありふれたモノを持つ人

の順で、強く持つことになる。

つまりありふれたモノを持って売ろうとすると、お金を持っている人に、二束三文で買い叩かれる。クレームにかこつけて返品される。代金の取り立てもおぼつかない。

しかし、希少で人気の高いモノを持っている人には、お金を持っている人が群がって、びっくりするほど売り手に有利な取引条件を提示してくる。半導体や、携帯電話が不足気味だったときなど、中国からいきなり大金が送金されてきて、その後から注文が入ったなどという例が業界で話題になったりした。商品に人気があるときは、本来は無関係のはずの品質クレームもほとんど来ない。

ビジネスの現場では、こんなことに悩みながら、仕事を進めている。このように、泥臭いモノの売買の商売で得た教訓は、じつは、事業投資型のビジネスや、全く新しい分野のビジネスをつくっていくときに、大いに役立っていく。

「ものつくり」的発想と商業的発想

日本社会では、ものつくりに対する敬意が強く、ものつくり的発想であらゆるビジネスを理解する傾向が感じられる。特に、中国のように、商業的発想が強い地域でビジネスをしていると痛感する。

日本では、ものつくり的価値をたくさんつけると、その商品、ひいては、その会社の価値が高いと見られる。職人さんが長年修業して得た匠の技で、時間をかけてつくったものほど価値が高い。あるいは、電子機器メーカーが、消費者には違いがわからないような技術的なスペック値を血眼で競って、一番になって誇ってみたりする。

反対に、ものつくり的価値をあまり付け加えていないと、実用的で役に立つものを提供して利益を伸ばしても、あまり尊重されない。ときには虚業だと批判されることもある。

だからサービス業などは、本来はものつくりとは違うのに、ものつくり的価値をアピールする。時間をかけて習得した技を使うものつくり的細やかな作業を「おもてなし」のサービスと誇っている。例えば、新幹線の掃除の素早さときれいさとか、幕の内弁当の美しさなどだ。これは、素晴らしいのは違いないが、サービスというよりもほとんど「ものつくり」だ。

しかし、デービッド・アトキンソン氏が言うように、日本のサービスが、海外に比べて傑出していいとは思えない。日本のレストランでは、ウェイターが注文した食事をテーブルに持ってきてから、「ハンバーグ定食は、どちらさまですか」と聞く。しかし欧米では、街の庶民的なレストランでも、誰が何を注文したかウェイターが覚えている。サービスとは本来、こういうことを指すのだろう。日本では、ものつくり的価値に目が向きがちで、こういう質の高い本来のサービスにあまり価値を置いていない。

実際、日本の食事のおいしさや掃除のきれいさに感動する外国人観光客も、対人サービスに対してそれほど感動している訳ではない。アトキンソン氏によると、「おもてなしのサービス」と騒いでいるのは、日本人だけだという。

このような「ものつくり的発想」が、日本ではビジネスにおいてもよく顔を出す。例えば値段の話をするときに、日本のビジネスパーソンやメーカーの製造部門の人は、まずコストを積み上げて計算しがちだ。自分たちの社内の品質基準を満たすだけの仕様を考え、それに必要な材料費、人件費、設備投資の償却費、管理部門の間接費などを加える。高品質のものをつくり、その品質に見合った値段の製品であれば売れるはずだと考える。

一方で、中国のビジネスパーソンや商社の人は、市場でいくらなら売れるか、類似品がいくらで売られているかにすぐに関心が向く。そして、その値段で出すことのできる品質の製品を販売することを考える。コストがどうであれ、市場が買うならたっぷり利益を取って高い値段で売ればいいし、市場が受け入れないなら価格を下げるしかない。

そもそも商業では、創り上げた価値を足し算してその利益を説明することは不可能で、二つの価値体系の差異、すなわち引き算でしか利益の説明ができない。

もちろん、これは、ウェイトのおき方の問題で、日本の企業でも中国の企業でも両方の発想を持っているし、同じ会社の中でも、部署によって発想のウェイトが異なっている。同じ製造業の会社の中でも、生産部門の人は、ものつくり的発想だろうし、販売・営業部門の人は、商業的発想になる。商社の社員でも、長くメーカーのセールスエージェントを担当していた人だとメーカー的発想だろうし、ある特定の地域の市場を専門に担当していた人なら、商業的発想になりがちだろう。

おそらくは、社会活動全般をそういう価値の差異の解消と見る見方と、付加価値をつけていく連鎖と見る見方と、二通りの説明が成り立つのだと思う。ちょうど、光に粒子性と波動性があるように。そして、商業については、文化の差異の解消、製造業については価値の付加と説明したほうが、より説明しやすいのだと思う。ちょうど、光の回折や干渉が波動性で説明しやすいように。

この発想の違いは、就職活動のときだけでなく、社会人になった後、毎日の仕事でも常に繰り返し意識させられる。

そういう価値や文化の差異を利益の源泉として資源の最適配分を実現していく職業と、価値の構築を利益の源泉とする職業のどちらが上ということはない。社会人としては、自分の世界観によりフィットした仕事をしていたほうが、気持ちが楽だといえるだけだ。

商人が、ものつくり文化と付き合うとき

商社に就職したり、メーカーの営業部署に配属されて商業的仕事に就いた場合、今度は、自らの仕事に誇りを持ちながらも、そういう「ものつくり」的発想の人とよい関係を築くことを心がけるべきである。なんといっても商業の基本は、文化摩擦の解消係なのだから。まず何よりも、「ものつくり」自体を十分尊重したい。価値を生み出す人が主役で、そういう人がいるから分配する自分たちが脇役として役に立つことができると、商業に関わる人は自己認識しておいたほうがいい。

そして、「ものつくり」にも十分に好奇心と関心を持って、製造技術もよく勉強したい。私がＩＴ系ビジネスを担当していたときに、技術面をよく勉強するようにと先輩に言われ、「メーカーのエンジニアには、かなわないだろうが、メーカーの営業の人よりは、技術面を知っていないといけない」と教えられた。もちろん、これは、業界によりできるところとできないところがあるだろう。しかし、それくらいの勢いで関心を持って取り組まないと、「ものつくり」の人は、こちらの話を聞いてもくれない。

そこまでものつくりに近づきながらも、自分自身がものつくりの人の気になってしまってはいけない。商社でも、ＩＴ系の部署で技術に詳しくなった途端、自分がエンジニアである

かのように振る舞う人が出てくる。また、商社でメディア関係の仕事をしていると、映画監督やクリエイター気取りになってしまう人がいる。確かに、長年その業界を担当していると、ときには、本職の人もはっとするような提案ができたりする。しかし、専業でやっている会社が組織的に取り組んでいるのとでは、長い目で見れば勝てるはずもない。あくまでも商人としての分をわきまえて、接したいものである。

コンプライアンスとビジネス

時代劇で悪代官が「お主も悪よのう。越後屋」というお決まりのシーンがあるが、確かに商社は、その越後屋の末裔ではある。世間では、ものつくりの仕事は、実直な職人さんの印象であるのに対して、商人は、どうも悪徳商人のイメージがつきまとう。

後述するが、商業というのは、そもそも政治に働きかけて、レント(超過利潤)を狙う誘因を常にはらんでいる。

しかし、いまでは、商社が日本の政府に、強く働きかけて大掛かりな事業をするということは、珍しくなってきた。ロッキード事件を含め、各商社が様々な不祥事で社会的非難を受け、もうそういうことに関わるのはこりごりだというのが本心だろう。率直に言うと、手間がかかり利益も少ないのにリスクが高くて割に合わないからでもある。商社の人間が、銀座で宴席をする回数も激減していると聞く。

大雑把にいえば、日本の社会で、消費者にパワーシフトが行われたので、取引先や政府関係者よりも、消費者や世論により気を使うようになっているということだろう。

これに対して、近年、製造業がリコールなどの製造上の問題を起こすことが多くなってきた。日本のメーカーは、大量生産して世界中で販売している。一旦、不具合が見つかると、その影響の大きさは、普通のビジネスパーソンがイメージできる限界を超えた規模になる。

商社でも、不祥事が全くなるということは今後もないだろう。しかし商社が、ものつくり事業に比べて、コンプライアンスに対する危険度が特に高いということはないように思える。幸か不幸か、時代劇の悪徳商人ほどの政治力は、持ち合わせていない。

行政組織と民間組織

社会人として働き始めて何十年たっても、「お金儲けは、悪いことか？」という疑問がときおり頭に去来する。そして、就職するときには、多くの人が「本当に、お金儲けを目指す仕事に自分が納得して打ち込めるのか」と、自分に問いかける。

その頭の整理には、具体的に、商社、金融、製造業のような営利の民間企業の仕事と、公務員や政治家といった公共の行政組織での仕事とが、どこが違うのか考えるのが役に立つだろう。

行政組織は、税金による資金と法律による強制力があるため、後に説明するNPOよりも、長期的に大きく世の中を変えることができる。その点においては、民間企業と変わらないか、それ以上である。その分仕事のやりがいもあると思われる。

行政組織の仕事と民間企業の仕事との違いは、政治と経済とで、ゲームのルールが違うことによっていると私は思う。

政治は、ゲームのプレイヤーの獲得点数の合計が変わらないゼロサムゲーム（合計ゼロのゲーム）であるのに対して、経済は、プレイヤーの獲得点数の合計が増えていくプラスサムゲーム（合計プラスのゲーム）だ。

政治は、大きさの変わらないパイを分け合う。政治家の仕事は、典型的なゼロサムゲームだ。議会の総議席数は増えないので、与党が10議席増やせば、野党は10議席減る。税金を源泉とする政府の予算は、一つの政策に使えば、その分、他の政策には使えない。

経済は違う。一つのビジネスの関係者の合計利益は、増えて成長するのが基本だ。一つの商品がたくさん売れると、その商品を製造している人も販売している人も儲かる。その儲けを使って、よりよい商品にするとさらに売れてさらに儲かる。パイを大きくしながらパイを分ける、いやむしろ、次にパイが大きくなるように、いまのパイを分ける。成長しなければば、そのビジネスは、すぐに衰退して消滅してしまい、関係者は、取引をやめ解散となる。

ゼロサムゲームでは、プレイヤー同士のパイの取り合いが死に物狂いとなる。政治家がよくするように、すりよったり裏切ったり、毀誉褒貶が激しくなる。そして、恨みつらみも尾を引きやすく、湿気のある駆け引きが増える。

プラスサムゲームでは、他の関係者に利益が行くのも全体のパイを大きくするためになるのなら歓迎できる。

例えば、製造する人は、商品がたくさん売れて自分が儲けるためにも、販売者が一生懸命売ってくれるように販売者の利益をきちんと確保しようとする。販売者も、製造者が工程を改善して品質を上げ、安定的に供給できるように、製造者にきちんと利益が出るように気をつかう。

もともと、自分の取り分が増えながら分配するのでそれほど恨みつらみがない。そして、あまり儲からなかったら、商取引をやめて、「また今度機会があれば」とからっと別れるだけだ。逆に、こういうときに明るくからっとしていなければ、誰も次に一緒にビジネスをしようと言ってこない。

もちろん、民間企業でも、ゼロサムゲーム的局面もある。特に市場規模が成長していない分野、規制によって業界構造が長年変わらない分野などでは、ゼロサムゲームの色彩が濃くなり、宮廷政治的ビジネスが行われる。

ただ、そうした一部の例外を除き、本質的に、経済はプラスサムゲームで、政治はゼロサムゲームだろう。一方で、営利企業ならば、ビジネスが上手くいかないと世の中を動かした気になれないが、行政組織ならば、常に世の中を動かしている気になれる。これもまた、どちらがいいも悪いもない。自分の相性に合っているほうの道を進むだけだ。

NPOとビジネスとの違い

最近では、社会貢献への意識が強く、就職の際にも公益的組織、NPO、ソーシャルビジネスなどを目指す人も多い。私の世代の人間には意外だが、商社とNPOのどちらに行こうかと迷っている学生も結構いる。商社に入社してからも、この事業は社会的意義のある事業だから多少のロスが出てもやるべきだと、我々おじさんを突き上げてくる若手社員もいる。

商社は営利企業でありビジネスをしているのだから、もちろん利益を追求する。一方で、そこで働く従業員と経営陣は、社会への貢献も常に意識する。NPOなどの非営利組織と、営利企業では、社会への貢献の仕方が違うのだと思う。

商社に限らずビジネス全般が、非営利事業と大きく違うのは、多くの人を巻き込んで長期間世の中を大きく変えることができることだ。

ある種の民主化運動や、ボイコット（不買運動）などによって、無報酬で多くの人が短期間協力して世の中を動かすこともある。また、少数の志のある人が長期間ボランティアとして社会に貢献する活動をされていることもある。しかし、無報酬で多くの人が長期間ある活動を続けるというのは、ほとんど存在しない。

ビジネスにおいては、上手くいけば、消費者も幸せになり、自社も含めてそれに関わった供給者も利益が出る。そうすれば、消費者も供給者も増えていき、長期間多くの人が世の中を一定の方向に動かしていく。だから、できるビジネスパーソンは、ビジネスを組み立てるときに、関係者がみんなちゃんと儲かるように考える。

つまり、非営利事業は、多数を短期間動員するか、少数を長期間動員するが、多数を長期間動員するのは、難しい。ビジネスは、多数を長期間動員して世の中を大きく変える。

私は、自分が関わったビジネスが、世の中を大きく変えていくのを見ると、とても幸せな気持ちになる。それがビジネスをするモチベーションにもなっている。

分配に関わる仕事の危険性

この章の最初に、商業の役割は「社会に偏在するモノ、カネ、情報、人材という社会的資源を円滑に流通させ、最適な配分を実現することだ」と説明した。

	分配	生産
経済　プラスサムゲーム	商業	製造業
政治　ゼロサムゲーム	政治・官僚	NPO

表6-1

この説明と、先ほど説明した、経済はプラスサムゲーム、政治はゼロサムゲームというのを並べると、上のようになる（表6－1）。

商業は、次のさらなる経済の成長につながる分配を図る。

製造業は、次のさらなる経済の成長につながる生産を行う。

政治は、ゼロサムの所与の資源の公正な分配を図る。

NPOは、公正な社会の実現に向けた価値提供をしているが、社会全体の経済の拡大を直接狙っている訳ではない。

ここで、注意深く見なければいけないのは、この表において、「分配」に関わっているものが、レントシーキングやモラルハザードに陥りがちだということだ。一言で言えば、ズルをして自分に有利に配分を受けがちだということである。

パイを分ける者は、公正な取り分より、自分に有利なようにパイを分ける誘惑にかられる。あるいは、特定の者に有利にパイを分けて、便宜を図るという誘惑にかられる。

民間企業が、自らに有利な規制になるように政府に働きかけたり、あるいは、現在の規制の隙をついて、レント（超過利潤）を取ったりする。リーマンショックにおける金融業者のモラルハザードも典型例だ。これが、ノーベル経済学賞を受賞したスティグリッツ教授が、近年口を極めて非難しているレントシーキングだ。

また、政治家や官僚には、様々な人が、自分に有利なさじ加減をしてもらおうと、働きかける。それが行き過ぎると、贈収賄になる。

人々は、この分配に関わる人に対して、なにか怪しげだと疑いの目を向ける。そこで、日本を含め先進国では、分配に関わる仕事をする人をチェックし監視しようとする。政治であれば、選挙であり、経済であれば、市場である。ビジネスで効果的な分配を行わないと、そのビジネスは、衰退して利益が出せなくなる。また、上場した民間企業は、財務データを公表しているので、あまりに理不尽な行為をしていると、取引先、マスメディア、株主から批判を受ける。

現代の社会では、一度不祥事などで社会的批判を受けると、都知事から大蔵省、老舗の料亭にいたるまでどんな優良な企業や権威ある組織も、倒産や解体に至るまで叩かれかねない。分配に関わる仕事は、よくよくモラルには気をつけなければならない。

これに関連して、前にも述べた、社会的貢献度は大きいが赤字の事業を継続するべきだと主張する若手社員に、私は、危ない道への一歩の薄気味悪さを感じる。

本人は、間違いなく純粋な正義感に基づいて、その事業が大切だと訴えているのだろう。

しかし、その事業が赤字だということは、市場というテストで落第点を取っているのであって、社会がそれほどその事業を必要としていないということだ。もし本当に赤字でもするべきものであれば、それは、税金を原資として政府がするべきことだ。その場合、その支出は、直接・間接的に最終的には選挙で支持されなければならない。

この赤字事業の場合、現状では、経済市場も、政治・行政も、必要と認めていないものだ。そこに、他の事業に投ずる予定であった資源を投入するのは、社会全体から見ても正しいのだろうか。自分は、選挙民や消費者よりも賢くて、彼らよりも何が社会に一番よいかを知っていると思っているのだろうか。それは、かつて計画経済を行い、経済を破綻させて失敗した共産主義者の傲慢に通じていないだろうか。

終　章　総合商社の未来

なぜ商社は、変革できたのか？

日系大手証券会社に勤務していた同年代の人から、「どうして、商社だけがバブル崩壊後、大きな変革に成功したのだろう。証券会社は、１９８０年代から変わらなきゃ、変わらなきゃといっていたのに、結局、いまだにちゃんと変われていない。業績も伸びていない」と聞かれた。証券業界に限らず、日本のほとんどの業界で同じことがいえるだろう。

これは確かに大きな謎だ。どこかの商社の社長が特別なリーダーシップを発揮して革新したわけでもない。また、先見性のある戦略をたて、それを正確に実行していったともいいがたい。むしろ、各現場で試行錯誤をしていたら、結果的に会社のありようをすっかり変えてしまい大きな実績を生み出すようになったというほうが実感に近い。

とはいえ、本書で述べてきた商社の変革の状況をいま一度振り返ってみれば、いくつかの成功要因を見つけることができる。

まず、全社員の強烈な危機意識である。１９９０年代に三菱商事に就職した人が、「入社当時、偉い人も下っ端も、シニアも若者も、優秀な人もそうでない人も、みんな、このままでは、５年先には会社が潰れると真剣に思っていた。それだけは、新入社員にびんびん伝わってきて、強烈な印象を受けた」と言っていた。業界のリーディングカンパニーでもこうであった。

「危機意識の共有」というような生易しい言葉では表せない。社員一人一人が毎日のビジネスにおいて、社外のお客から、商社の存在意義と機能を説明させられ、口銭を削られ、商売を外される中で、お腹にギリギリと刻み込まれてくる危機意識である。

第5章、第6章で商社の仕事の意義をくどくどと説明しているのも、私自身が日々の仕事の中で、自分の存在意識への危機感を持ち続けざるを得なかったからでもある。

この点、証券会社・銀行などは、大蔵省（当時）か誰かが救うとか、そうはいっても金融機能は社会に必要だからといったゆるみがほんの少し残っていたのかもしれない。

なにはともあれ、強い危機意識こそが、変革に成功する鍵だったのは間違いない。

次に、パフォーマンスの評価基準を根本的に変えて徹底したことが変革を進めた。第4章で述べたように、業績の指標を売上から連結税後利益に根本的に変えた。その基準を、社外に公表する全社レベルの業績から、現場での10名程度の課の業績にまで、一律に適用して徹底した。

三番目の成功要因は、戦略なき戦略だろう。先に述べたように、商社は、この急成長期に明確な戦略を打ち出せていない。商社は、事業や業態があまりにも多岐にわたり、それも数年で大きく変化させてきているので、もともと明確で美しい「成長戦略」やビジョンを語るのに適合していない業態なのだ。

戦略論の第一ページに書いてあるのは、「下手な戦略ならないほうがまし」である。状況が流動的で、長期間一定の方針をあてはめるのが不適切なら、戦略やビジョンを打ち出さないほうがいい。戦略的失敗は、戦術的成功で挽回できないからだ。

商社は、この15年ほど、収益が急成長してきたにもかかわらず、その期間中、成長性が見込めないとして、収益力と成長実績のわりには株価が上がらなかった。いまでも「成長戦略を見せよ」という株主（及びアナリスト）の要求も強い。

しかし、「明確な成長戦略を打ち出す」「株主への説明責任を果たす」という言葉が過剰に出てきて、事業や業態を、投資会社、事業会社、あるいは、資源会社として純化しようとすると商社の活力はなくなっていただろう。

商社の寿命

商社は、成長するのか、衰退するのか。どうすれば、成長し存続し続けられるのか。商社の本当の姿の理解を基にして、商社の未来がどうなるのか考えてみたい。

私が就職活動をしていた約30年前、商社は、他の就職人気上位企業と比べると、機能が薄らぎ「商社冬の時代」と言われ、まっ先になくなりそうな業態だった。当時急成長していた半導体やパソコンのようなエレクトロニクス産業（いまだとIT産業）ほどの成長も見込めず、銀行や電力会社に比べて業績が乱高下して安定していなかった。

ところが、よく企業研究した学生ほど希望した銀行業界、エレクトロニクス産業業界は、その後30年の間に、ほとんどの企業が一度ならず経営危機を味わっている。安定志向の学生が就職した銀行は、すべて吸収か合併を味わい、当時の社名から変わってしまった。

一方で、危なっかしくみえた商社のトップ5社は、社名も変わらず、最近では、当時の利益の約十倍の利益をたたき出している。

すべてビジネスというのは、そういうものだという、諸行無常的側面もある。しかし、商社という企業形態が、本質的に、いつも危なっかしくみえるけれども、融通無碍《ゆうずうむげ》に変化して生き延びる性質を持っているからだともいえる。

従って就活生に、「商社は、将来大丈夫ですか」と聞かれたときは、「3年後につぶれているかもしれないし、100年後も残っているかもしれない」としか答えようがない。質問をはぐらかしているのではない。寿命が見えないのが商社の本質なのだ。

商社が衰退する兆候とは

そうはいっても、これまでの本書の見立てに基づけば、商社の成長、衰退を推し量る兆候がある。こうなってくると危ないとか、こういうことができるといいということがいくつか推測できる。

まずは、成功要因の喪失が、衰退につながる可能性である。なんといっても、危機意識の深さだ。成功要因が強い危機意識だとすれば、危機意識が薄れれば、滅ぶのは必定だろう。

本書の各章で説明したように、商社の機能と必要性は常に問われており、商社は、いつなくなっても不思議ではない。そういう危機意識を社員一人一人がどれだけ深く持ち続けられるかにかかっている。特に、増えている事業投資型ビジネスでは、売買仲介型のビジネスよりも、社外のお客に商社の機能や存在意義を問われる機会が少なく、危機意識が失われやすいので、常に考え直さなければならない。

また、実ビジネスへの対応よりも、投資家への説明の便宜を優先して、多様性を失い、純化した「美しい」戦略を打ち出すのは、却って寿命を縮めるだろう。

第4章で、商社は、投資会社と事業会社の両生類だと説明した。社内体制、意思決定基準などを投資会社として純化しようとしたり、反対に投資会社がするようなことは一切しないで事業会社に純化しようとすると、商社は危ない。常に両面性を持っていることこそが、商社の存在意義だからだ。

資源ビジネスに特化し、純化する方向に向かっても危ない。商社の資源ビジネスは、じつは、国際資源メジャーが主導する開発に、日本の需要家との強い関係を強調して、なんとかマイナー出資で入り込んでいることが多い。この状況で、日本の需要家との関係維持にも役立っている他のビジネスを切り、資源に特化して国際資源メジャーと張り合おうとしてもかなわない。

また、巨額の投資を正当化するために、社内の他の事業とのシナジーを目指すというような美しい戦略が濫用されると危ないだろう。最近の商社の事業投資は、一件あたりの投資額が巨額になっているので、少しぐらい事業シナジーが出ても、その巨額の投資を正当化できるほどの利益をすぐには生み出せない。現代の投資は、その投資による直接的な収益、つまりあからさまに言うと将来の売却益を見込まなければ収益的な正当化ができない。説明は苦しいが、シナジーはおまけのようなものと考えないと現実離れしてしまう。

次は、変化と流動性だ。今度は反対に、新しい環境に適応するために、過去の成功要因をあえて捨てて、新しい方法にチャレンジできるかである。過去の成功体験の呪縛から、新しい方法にチャレンジできず、固定化・官僚化が進み、変化と流動性がなくなる商社は、滅ぶだろう。いまの商社のように巨大な利益を生むようになるとなおさらだ（これは、商社に限らず大企業病でもある）。

第6章の冒頭で述べたように、商社の原点である商人の本質は、あらゆるビジネスに寿命があることを知り、次から次へと新しいビジネスを生み出し続けることにある。だから商社は、固定化、官僚化、大企業病が起こると、もっともすぐに悪影響が出る業態でもある。

また、第４章で述べたように、いまの商社は一般的な新規事業の成功率は５割以下で、巨大な収益を生み出すビジネスが社内に偏在している状態にある。この場合、ある一定比率の人間は、新規事業を起こすよりも、上司や組織にごまをすって、収益を生み出している既存事業を担当しようとする。また、収益の結果責任を負う営業部よりも、企画、戦略部署に行き、自分の身は安全な立場から営業部の活動を管理・評価する位置をとろうとする。ビジネスよりも社内政治に精力を注ぐそういった雰囲気が強まっている商社は、当然変化に対応できなくなり衰退する。

かつての成功体験を浅く抽象化して「勝ちパターン」として、他のビジネスに無理やりあてはめようとしたり、あるいはそのパターンにはまらないものをすべてダメなビジネスとして排除する傾向が出ると変化に対応できなくなり、その瞬間商社の衰退がはじまる。

商社の未来を左右する前向きの兆候は、商社が新規事業育成の手法をどれだけ確立できるかだと私は考える。

商人としての本質は、新規事業をつくりつづけることだと述べた。また、日本の高度成長を支えたのは、商社・銀行による新規事業育成システムだとも説明した。

商社は、この原点にかえり、現代社会にマッチした、ベンチャー企業のインキュベーションの方法を確立したいものである。

例えば、オープンイノベーションのコンセプトを取り入れる。社外の起業家（アントレプレナー）を、資金面、人材面、情報面でもサポートして、一緒になって事業を立ち上げる。起業を動機づけるワークショップなども行い、起業家のサークルに入り込む。そして、商社の外にいながら商社の協力で成功した起業家は、かけた情熱とリスクに見合った十分なメリットを得る。

商社は、成功案件で得た利益、ノウハウ、人材を、また次の新規事業に注いで循環させせつつ成長する。そういう仕組みを確立する。

私も商社で新規事業のタスクフォースを何度か経験した。そこでは、商社の各部署がビジネス現場で得ている情報は、生の一次情報としてとても貴重で、しかも、全社でみれば、とても広い分野をカバーしていると毎度毎度驚いた。

その情報は、ベンチャーキャピタルが投資判断をするときに参考としている、調査会社やコンサルタント会社の情報よりもずっと実践的で収益に直結している。

例えば私が、新規ビジネスにつながるものはないかと、『サイエンス』『ネイチャー』といった科学誌に掲載されたものを調べていると、たまたまダイヤモンドより硬い物質をつくったという研究があった。実際はダイヤモンドの一種である。そこで、社内で調べていくと、化学品部門の子会社が工業用ダイヤモンドの販売をしており、社内に専門の技術者もいるという。話を聞けば、業界の規模、主な客先の経済状況、この新しい技術の期待される用途と価値が、現場の感覚として伝わってくる。

このように、どんなに特殊に見える案件でも、商社の社内をぐるっと一回りすると、ずっと実践的な知見が得られる。もちろん、その業界に長くいる人ほど、わかっているだけに、新しい事業に否定的なコメントをすることも多い。いいか悪いかの結論部分は軽くとらえ、その背景となっている事実に基づく知識、肯定的な理由、否定的な理由をよく聞いて、これを活かせば、様々な新規事業を上手に選ぶことができる。

以上をまとめると、商社が生き延びるためには、これまで述べてきたように、

○成長戦略・説明責任・純化を過剰に求めない
○固定化・官僚化を進めない
○ベンチャー・インキュベーション事業を確立する

ということをしなければならないと考える。

成熟社会に向けて

こうすることによって大局的に見ると、商社は、どこに行くことになるのだろうか。

商社は、数十年の長期的視点で見たときには、先進国の脱産業化、成熟社会化に適応することになるだろう。その適応に成功すれば生き残るし、失敗すればなくなっている。

ほとんどの先進国は、第三次産業、第一次産業の重要性が増し、製造業の重要性が下がっている。脱工業化が進み、サービス化、情報化が浸透している。いまは、日本のＧＤＰ（国内総生産）の７割はサービス業であり、雇用の７割もサービス業である。

そして、先進国は、低成長、高齢化、超競争といった共通する経済社会の変化に直面している（成熟社会について詳しくは、拙著『自分の頭で判断する技術』〔ＫＡＤＯＫＡＷＡ、２０１５年〕第７章をご参照いただきたい）。

この成熟化は、世界中を50～１００年の単位で覆っている変化である。

商社は、そうした成熟社会に適応するべく、常に自らのビジネス手法を変化させていけば、50～１００年の単位で、さらなる成長を持続できるだろう。

5商社　単体決算当期純利益(税後利益)単位:億円　　有価証券報告書による

決算期/3	1986	1987	1988	1989	1990	1991	1992	1993
三菱商事	233	215	261	331	411	430	403	153
三井物産	95	96	128	166	220	222	226	239
伊藤忠	147	172	108	156	186	191	109	101
住友商事	221	228	253	274	351	365	333	202
丸紅	54	61	98	151	163	171	174	109
5社平均	150	154	170	216	266	276	249	161

決算期/3	1994	1995	1996	1997	1998	1999	2000	2001
三菱商事	32	160	203	220	214	115	−159	288
三井物産	152	218	240	260	211	168	38	73
伊藤忠	20	94	102	111	−147	21	−1633	255
住友商事	102	121	163	−1486	221	−236	150	153
丸紅	63	77	118	60	−308	−201	61	40
5社平均	74	134	165	−167	38	−27	−309	162

決算期/3	2002	2003	2004	2005	2006	2007	2008	2009
三菱商事	−110	193	330	661	1418	3204	2353	1171
三井物産	136	95	118	363	745	1186	1579	−803
伊藤忠	102	82	−1007	322	534	934	771	644
住友商事	160	−321	209	151	421	703	792	765
丸紅	−1695	104	123	111	150	459	530	0
5社平均	−281	31	−45	322	654	1297	1205	355

決算期/3	2010	2011	2012	2013	2014	2015	2016	2017
三菱商事	2568	2644	3213	3186	4167	2897	−1563	1278
三井物産	641	2294	2536	834	2205	3491	−541	1532
伊藤忠	635	742	1310	1533	1779	1306	1153	1367
住友商事	796	440	740	855	1587	−528	248	1120
丸紅	199	210	502	1016	37	67	1962	636
5社平均	968	1266	1660	1485	1955	1447	252	1187

5商社　単体決算当期純利益（1986～2017年）

5商社　連結決算当期純利益(税後利益)単位:億円　　有価証券報告書による

決算期/3	1986	1987	1988	1989	1990	1991	1992	1993
三菱商事	323	275	312	461	604	653	527	287
三井物産	117	152	231	403	364	410	270	175
伊藤忠	185	201	254	304	399	372	118	40
住友商事	293	280	289	351	500	471	365	205
丸紅	−148	86	164	286	336	341	112	11
5社平均	154	199	250	361	441	449	278	144

決算期/3	1994	1995	1996	1997	1998	1999	2000	2001
三菱商事	184	217	334	581	555	253	56	952
三井物産	153	262	304	363	330	298	348	516
伊藤忠	−141	81	117	125	−919	−341	−883	705
住友商事	73	73	203	−1456	258	−225	260	267
丸紅	55	104	151	201	172	−1177	21	150
5社平均	65	147	222	−37	79	−238	−40	518

決算期/3	2002	2003	2004	2005	2006	2007	2008	2009
三菱商事	629	620	1171	1866	3567	4191	4713	3710
三井物産	554	311	684	1211	2024	3015	4101	1776
伊藤忠	302	199	−324	771	1573	1900	2297	1768
住友商事	273	138	666	851	1602	2110	2389	2151
丸紅	−1164	303	346	412	738	1193	1472	1112
5社平均	119	314	509	1022	1901	2482	2994	2103

決算期/3	2010	2011	2012	2013	2014	2015	2016	2017
三菱商事	2758	4645	4523	3600	3614	4006	−1494	4403
三井物産	1497	3067	4345	3079	3501	3065	−834	3061
伊藤忠	1404	1744	3219	3027	2544	2956	2764	3746
住友商事	1552	2002	2507	2325	2231	−732	745	1709
丸紅	953	1365	1721	1301	2109	1056	623	1553
5社平均	1633	2565	3263	2666	2800	2070	361	2894

＊会計基準(米国・IFRS)の変更があっても、同じ「当期利益」をピックアップした。

5商社　連結決算当期純利益（1986～2017年）

小林敬幸

1962年生まれ。1986年東京大学法学部卒業後、2016年までの30年間、三井物産株式会社に勤務。「お台場の観覧車」、ライフネット生命保険の起業、リクルート社との資本業務提携などを担当。著書に『ビジネスをつくる仕事』(講談社現代新書)、『自分の頭で判断する技術』(角川書店)など。現在、日系大手メーカーに勤務しIoT領域における新規事業を担当。

講談社+α新書 774-1 C

ふしぎな総《そう》合《ごう》商《しょう》社《しゃ》

小林《こばやし》敬《たか》幸《ゆき》

2017年9月20日第1刷発行

発行者―――― 鈴木 哲

発行所―――― 株式会社 講談社

東京都文京区音羽2-12-21 〒112-8001

電話 編集(03)5395-3522

販売(03)5395-4415

業務(03)5395-3615

デザイン―――― 鈴木成一デザイン室

カバー印刷―――― 共同印刷株式会社

印刷―――― 凸版印刷株式会社

製本―――― 牧製本印刷株式会社

定価はカバーに表示してあります。

落丁本・乱丁本は購入書店名を明記のうえ、小社業務あてにお送りください。

送料は小社負担にてお取り替えします。

なお、この本の内容についてのお問い合わせは第一事業局企画部「+α新書」あてにお願いいたします。

ISBN978-4-06-291504-5